essentials

Essentials liefern aktuelles Wissen in konzentrierter Form. Die Essenz dessen, worauf es als „State-of-the-Art" in der gegenwärtigen Fachdiskussion oder in der Praxis ankommt. *Essentials* informieren schnell, unkompliziert und verständlich

- als Einführung in ein aktuelles Thema aus Ihrem Fachgebiet
- als Einstieg in ein für Sie noch unbekanntes Themenfeld
- als Einblick, um zum Thema mitreden zu können

Die Bücher in elektronischer und gedruckter Form bringen das Fachwissen von Springerautor*innen kompakt zur Darstellung. Sie sind besonders für die Nutzung als eBook auf Tablet-PCs, eBook-Readern und Smartphones geeignet. *Essentials* sind Wissensbausteine aus den Wirtschafts-, Sozial- und Geisteswissenschaften, aus Technik und Naturwissenschaften sowie aus Medizin, Psychologie und Gesundheitsberufen. Von renommierten Autor*innen aller Springer-Verlagsmarken.

Erwin Hoffmann

Das Planspiel als nachhaltige Methode in der Führungsausbildung

Grundlagen – Konzepte – praktische Umsetzung

Erwin Hoffmann
Grevenbroich, Deutschland

ISSN 2197-6708 ISSN 2197-6716 (electronic)
essentials
ISBN 978-3-658-50873-9 ISBN 978-3-658-50874-6 (eBook)
https://doi.org/10.1007/978-3-658-50874-6

Die Deutsche Nationalbibliothek verzeichnet diese Publikation in der DeutschenNationalbibliografie; detaillierte bibliografische Daten sind im Internet über https://portal.dnb.de abrufbar.

Springer Gabler ist ein Imprint der eingetragenen Gesellschaft Springer Fachmedien Wiesbaden GmbH und ist ein Teil von Springer Nature.
Die Anschrift der Gesellschaft ist: Abraham-Lincoln-Str. 46, 65189 Wiesbaden, Germany

Was sie in diesem *essential* finden können

- Eine Einführung in die aktuellen Herausforderungen für Führungskräfte in einer sich schnell verändernden Umwelt und in die Bedeutung der notwendigen systemischen Sichtweise für Führungskräfte.
- Eine Beschreibung des kritischen Ist-Zustands der Führungskräfteentwicklung in Deutschland.
- Die Begründung für den Einsatz von Planspielen in der Führungskräfteausbildung mit einem konkreten leicht umsetzbaren Umsetzungsbeispiel.
- Die Darstellung der Einbettung von Planspielen in eine umfassende und nachhaltige Führungskräfteentwicklung

Inhaltsverzeichnis

1 Einleitung

Seit Beginn des dritten Jahrtausends sehen sich Organisationen und die in ihnen wirkenden Führungskräfte zunehmend mit komplexen, dynamischen Veränderungen konfrontiert. Auf der einen Seite erforderten die Globalisierung der Märkte, steigender Wettbewerbsdruck und neue Technologien schnelles und flexibles Handeln. Auf der anderen Seite üben gesellschaftliche Veränderungen, wie der Wunsch nach Selbstbestimmung, Partizipation und Persönlichkeitsentfaltung, einen starken Einfluss auf Unternehmen als komplexe, vernetzte Systeme aus. Aufgrund des rasanten Wandels in den Kontexten standen Organisationen selbst unter permanentem Veränderungsdruck.

Die Anforderungen an die Führungskräfteentwicklung sind aufgrund der immer komplexer werdenden Umwelt sehr viel anspruchsvoller geworden, sodass ihr kaum eine einzige Lehrmethode gerecht werden kann. Daher haben sich in den letzten zwei Jahrzehnten beispielsweise Lernformate herausgebildet, wie das Blended learning und Gamification. Ein viel älterer Ansatz sind Planspiele in der Führungsausbildung (vgl. Thiemann, 2023, S. VII).

Die wenigsten Führungskräfte in Deutschland werden auf ihre Führungsrolle grundlegend vorbereitet. In der Regel werden gute Fachkräfte zu Führungskräften gemacht. Und wenn es dann Führungsprobleme gibt, versuchen Unternehmen diese Probleme oft hastig mit kurzfristig angesetzten Führungsweiterbildungen zu beheben – im schlimmsten Falle mit dreitägigen „Führungs-Crashkursen". So erhält man aber keine guten Führungskräfte, die ihre Rolle verstehen und die sicher in der Anwendung von nachhaltig erworbenen Führungskompetenzen sind. Hinzu kommt: Führung als Thema ist bei vielen Anbietern von Führungstrainings qualitativ nach wie vor unterbelichtet. Eine Führungsausbildung muss aber dafür sorgen,

E. Hoffmann, *Das Planspiel als nachhaltige Methode in der Führungsausbildung*, essentials,
https://doi.org/10.1007/978-3-658-50874-6_1

dass auf qualitativ hohem Niveau die betroffenen (angehenden) Führungskräfte möglichst realistisch auf ihren Führungsalltag vorbereitet werden. Ein Ansatz innerhalb einer gut strukturierten Führungskräfteentwicklung bietet die Methode des Planspiels. Dieses Buch bietet einen Einstieg in die Planspielmethode und wie sie dazu beiträgt Führungskräfte nachhaltig und praxisorientiert auf ihre Führungsrolle vorzubereiten.

Planspiele werden aufgrund ihrer vielfältigen Einsatzmöglichkeiten und des potenziell hohen Wirkungsgrades als Methode der Kompetenzentwicklung positiv in der Literatur diskutiert (vgl. Zeiner-Finket al., 2020, S. 12) und gut gemachte Planspiele in der Aus- und Fortbildung erlauben es angehenden Führungskräften, die vielschichtige und mit systemischen Unwägbarkeiten angereicherte Führungsarbeit spielerisch kennenzulernen und durch manageriale Übungen im „geschützten Raum" des Spiels eine gewisse Sicherheit für die Berufspraxis zu gewinnen. Insofern können Planspiele dazu dienen, dass sich der Führungsnachwuchs nicht ins kalte Wasser geworfen fühlt, wenn er nach der Ausbildung in die Praxis wechselt.

2 Herausforderungen für Organisationen und Führungskräfte

„Veränderung wird zum „New Normal". Vor dem Hintergrund dieser Entwicklung gilt die Fähigkeit von Unternehmen, sich schnell auf sich verändernde Umweltbedingungen einzustellen, als der zentrale Erfolgsfaktor."
(Hans-Joachim Gergs, 2022, S. 1 f.)

Und natürlich werden nicht nur die Unternehmen von den Veränderungen betroffen, sondern alle in ihnen wirkenden Mitarbeitenden – und hier insbesondere die Führungskräfte, die dafür zu sorgen haben, dass die Organisationen trotz der zu beobachtenden Veränderungsgeschwindigkeit ihre Ziele erreichen, bei gleichzeitiger anständiger Führung der ihnen anvertrauten Mitarbeitenden.

2.1 Hohe Veränderungsgeschwindigkeit in der BANI- und VUCA-Welt

Veränderungen im Umfeld von Unternehmen und entsprechende Wirkungen auf interne Strukturen und Prozesse hat es schon immer gegeben. Doch nicht nur die Häufigkeit und die Anzahl von Veränderungen sind gestiegen, sondern auch ihre Bedeutung. Einzelne Veränderungen können eine so große Bedeutung erhalten, dass von ihrem Erfolg die Zukunft des Unternehmens abhängt. In den letzten Jahren erlebten und erleben wir sozusagen Höhepunkte der Veränderungen, der Volatilität und auch der Angst: Die Covid-19-Pandemie, Umweltkatastrophen und der Krieg in der Ukraine haben vielfältigen Einfluss auf das Leben Einzelner und die Überlebensfähigkeit von Organisationen und schüren darüber hinaus die Angst, dass die Unsicherheit zu einem Normalzustand unseres zukünftigen Lebens wer-

E. Hoffmann, *Das Planspiel als nachhaltige Methode in der Führungsausbildung*, essentials,
https://doi.org/10.1007/978-3-658-50874-6_2

den könnte. Ein Indiz für die Unsicherheit ist sicherlich auch, dass der Begriff „uncertain" nach dem „World Uncertainty Index" um ein Vielfaches öfter in den jeweiligen Länderberichten vorkommt, als noch vor 20 Jahren (vgl. Kotter et al., 2021, S. 15 und 19).

Das Thema Veränderungsmanagement steht bei Verantwortlichen im Personalbereich sehr weit oben auf der Prioritätenliste – immerhin auf Platz 2. Zu diesem Ergebnis kam eine Umfrage der Beratungsgesellschaft Kienbaum, für die 500 Personalchefs aus mehr als 15 Ländern befragt worden sind. Grund für das große Interesse: In vielen Unternehmen geht es heute schon lange nicht mehr nur ums Wirtschaften und Expandieren. Unternehmen müssen sich stetig weiterentwickeln, um wettbewerbsfähig zu bleiben (Kienbaum, 2015, S. 16 f.). Damit Veränderungen erfolgreich vonstattengehen, ist es wichtig, den Wandel professionell und effektiv zu managen (vgl. Gergs, 2022, S. 2). Diese Managementleistung aber ist Hauptaufgabe von Führungskräften in den Organisationen.

2.1.1 Technische/ökologische Rahmenbedingungen

Das gesamte Gesellschafts- und Wirtschaftssystem ist durch die schnellen Entwicklungen in Wissenschaft und Technik geprägt. Die nahezu täglich beobachtbaren Innovationssprünge in Informatik und Telekommunikation und die Beschleunigung der Kommunikation haben auch zur Beschleunigung unternehmerischer Handlungen, zu Networkingmöglichkeiten und Zusammenschlüssen geführt. Gefordert sind schnelle Geschäftsabläufe, Reaktionen und Durchlaufzeiten. Der Innovationsdruck ist enorm angestiegen. Der gesamte Globus kann als Absatz- und Beschaffungsmarkt genutzt werden, doch wachsen mit der Globalisierung und der Vernetzung auch die gegenseitigen Abhängigkeiten. Gleichzeitig haben es die Organisationen mit einer fortschreitenden Verknappung zu tun: Ressourcen gehen zur Neige und Natur- oder technische Katastrophen, bewaffnete Konflikte und Terrorismus lassen weitere Unsicherheiten in der Beschaffung entstehen. (vgl. Doppler & Lauterburg, 2019, S. 22 ff.).

2.1.2 Wirtschaftliche Rahmenbedingungen

Wirtschafts- und Finanzmarktkrisen und deren Folgen sowie die europäische Schuldenkrise und die Globalisierung mit neuer, internationaler Konkurrenz prägen die heutigen wirtschaftlichen Rahmenbedingungen für die Unternehmen. Zusätzlich stehen diese im Spannungsfeld zwischen einerseits den Forderungen der

Kundschaft nach immer stärkerer Individualisierung von Produkten und Dienstleistungen und andererseits dem (ökonomischen und qualitätsgeleiteten) Zwang zu gleichzeitiger Standardisierung von Produktion und Logistik. Auch beeinflussen die verknappten Ressourcen den Beschaffungsmarkt. Die – für die Kundschaft – mittlerweile viel höhere Markttransparenz geht einher mit einer verringerten Bindung der Kundschaft. Die Produktlebenszyklen werden immer kürzer und auch bei Unternehmen sinken die Halbwertzeiten (vgl. Doppler & Lauterburg, 2019, S. 33 ff.).

2.1.3 Gesellschaftliche Entwicklungen

Ein wachsender Teil der Menschheit arbeitet heute in ergebnisorientierten, komplexen (Groß-) Organisationen, bei denen eine zentrale Steuerung kaum noch möglich ist – auch, weil eine reine zentrale, autoritäre, dirigistische Führung nicht mehr akzeptiert wird. Mitarbeitende sind anspruchsvoller geworden: nicht nur in Bezug auf äußerliche Arbeitsbedingungen wie Lärm, Temperatur und körperliche Belastung, sondern auch bezüglich Mitspracherecht, Ausgestaltung der Arbeit und Selbstverwirklichung im Beruf. In Unternehmen ist Führung im Dialog gefragt, die neben den Sachinhalten auch den Ideen der Mitarbeitenden, ihren Bedürfnissen und Anliegen Raum lässt.

2.1.4 Die „VUCA-Welt"

Diese Treiber von Veränderungen finden sich wieder in der aktuell sogenannten „VUCA"-Welt: VUCA steht als Akronym für die Begriffe Volatility, Uncertainty, Complexity und Ambiguity und stammt als Begriff ursprünglich vom US-amerikanischen Militär aus der Mitte der 1990er-Jahre. Dort diente er zur Beschreibung der Bedingungen des modernen Krieges nach dem Zusammenbruch des sozialistischen Systems. Statt klarer Frontlinien wie in vergangenen Konflikten erwartete man nun eine eher asymmetrische Kriegführung mit Terror, Dschungel- oder Straßenkampf. Die aktuellen Geschehnisse im Ukraine Krieg weisen allerdings darauf hin, dass sich an dieser Vorstellung möglicherweise aktuell etwas ändern wird, da erneut der frühere Ost-West-Konflikt manifest wird.

In der zivilen Verwendung des Begriffs meint Volatilität (Volatility) die Unbeständigkeit und gleichzeitige Unberechenbarkeit des Unternehmensumfeldes bei hoher Veränderungsgeschwindigkeit. Diese Dynamik des Wandels kann enorme Kräfte entfalten und ist oft der Katalysator für radikale (disruptive) und störende

Veränderungen und für notwendige Innovationen. Beides sorgt für Unsicherheiten und Ungewissheit (Uncertainty) im Unternehmens- und Arbeitsalltag. Führungskräfte und Mitarbeitende fühlen sich von unkontrollierbaren Ereignissen überrumpelt; die Variablen und die kausalen Beziehungen zwischen ihnen können nicht mehr erfasst werden. Diese Komplexität (Complexity) ist Ausdruck wachsender systemischer Abhängigkeiten und Unwägbarkeiten. Die zunehmende Internationalisierung wirkt hier verstärkend: Es droht der Verlust der Übersicht; Chaos und Verwirrung können entstehen. Die weltweite Verbreitung von Informations- und Kommunikationstechnologien (IKT) und die damit einhergehende Digitalisierung der Arbeitswelt (Stichwort: Arbeit 4.0) haben die Arbeitsprozesse in vielen Fällen abstrakter und komplexer werden lassen. Die in Echtzeit digital generierten und kommunizierten Informationen aus vernetzten Systemen (möglicherweise mit dem Anspruch auf ebenso schnellen Responsen) machen es beinah unmöglich, sie sorgfältig zu bewerten, um die richtigen Schlüsse zu ziehen und sachgerechte Entscheidungen zu fällen. Das Ergebnis des systemischen Blicks auf unterschiedliche Entscheidungsmöglichkeiten (Multioptionen) und Interessen ist Ambivalenz (Ambiguity): Entscheidungen und Lösungsfindungen sind aufgrund der nicht mehr erkennbaren Ursache-Wirkungs-Zusammenhängen, Viel- und Mehrdeutigkeiten und kaum noch interpretierbaren Informationen zwiespältig. Hinzu kommen Missverständnisse aus der Vielzahl der Rollen, Aufträge und Schnittstellen, die wiederum zu Fehlinterpretationen führen können (vgl. Schiersmann & Thiel, 2018, S. 34 ff.).

2.1.5 Die „BANI-Welt"

Eine aktuelle Ergänzung zum VUCA-Konzept bietet die Beschreibung der sogenannten BANI-Welt". BANI steht dabei ebenso als Akronym für weitere beobachtbare Eigenheiten der gegenwärtigen Welt:

„Brittle (brüchig): In einem eng verflochtenen Satz von Systemen kann der Ausfall einer wichtigen Komponente zu einer Kaskade von Ausfällen führen kann. Die Gefahr erhöht sich, wenn Potenziale bis zum Maximum ausgereizt werden.(...)

Anxious (ängstlich, besorgt): In einer (auch durch Falschinformation und mediale Verstärkung produzierten) ängstlichen Welt scheint jede Entscheidung potenziell katastrophal zu sein.(...)

Non-linear (nicht-linear): In einer nicht-linearen Welt sind Ursache und Wirkung scheinbar unzusammenhängend und nicht verhältnismäßig. Kleine Entscheidungen haben am Ende möglicherweise massive Folgen, gute oder schlechte.(...)

Abb. 2.1 Zusammenhang zwischen Führung und den Rahmenbedingungen und Einflussfaktoren. (Eigene Darstellung)

Incomprehensible (unbegreiflich): Mehr Daten – selbst große Datenmengen – können kontraproduktiv sein, da sie unsere Fähigkeit, die Welt zu verstehen, überfordern und es schwierig machen, Rauschen von Signal zu unterscheiden. Unverständlichkeit ist in Wirklichkeit der Endzustand der „Informationsüberlastung“.“ (Grabmeier, 2020, o. S.)

Die Unwägbarkeiten der VUCA- und BANI-Welt werden noch verstärkt durch die beiden Megatrends „demografischer Wandel“ und „Wertewandel“. Der demografische Wandel wird aller Voraussicht nach zu alternden Belegschaften in den Unternehmen und zu weiteren Engpässen bei der Gewinnung von Mitarbeitenden auf dem Arbeitsmarkt führen. Eng verbunden damit ist der stetige Wertewandel. Gerade haben die Unternehmen die Wertvorstellungen der sogenannten Generation Y (in den 1980er- und 1990er-Jahren Geborene, auch als „Millennials“ oder „Digital Natives“ bezeichnet) unter Berücksichtigung ihrer besonderen Bedürfnisse integriert, müssen sie sich aktuell auf die nächste Generation, die Generation Z, einstellen, die gerade die Schulen verlässt und über die Berufsausbildung in das Arbeitsleben eintritt und mittlerweile gerät bereits die nachfolgende Generation A in den Fokus der Forschung.

Den Zusammenhang von Führung und den umgebenden Rahmenbedingungen und Einflussfaktoren zeigt Abb. 2.1.

2.2 Kybernetik, Spieltheorie und die Pflicht zum systemischen Denken und Führen

Die oben beschriebenen enormen Veränderungen im Wirtschaftsleben und die Turbulenzen der vergangenen Jahre haben den Handlungsspielraum für strategisches Denken eingeengt. In der Not wird daher nun oft die Verbesserung kurzfristiger, operativer Ergebnisse in den Vordergrund gestellt. Tatsächlich verlangen die Veränderungen ein Umdenken. Die klassische Führungsaufgabe in einem überschaubaren Umfeld ist einem flexiblen Führungsagieren unter ständig neuen Variablen und Unsicherheitsfaktoren gewichen. Hier geht es nicht um eine (zeitlich und inhaltlich abgrenzbare) Krise, sondern um Veränderung als Dauer- und zukünftiger Normalzustand. Dabei ist es unerheblich, in welcher Branche man arbeitet; die Veränderungen sind allerorten zu beobachten. Für alle Führungskräfte stellt sich daher die Frage, wie sie unter solchen Bedingungen „richtig" führen können. Andererseits sind Handlungen und Führungshandlungen schon immer eingebunden gewesen in eine veränderliche (Unternehmens-)Umwelt und in ein Geflecht verschiedener Bezugsgruppen und -größen. Manager und Unternehmensleiter hatten es immer zu tun mit veränderlichen Rahmenbedingungen und den unterschiedlichen Einflüssen externer Bezugsgruppen, -personen und -institutionen – den Stakeholdern. Der Unterschied zu früher ist der, dass das systemische Mobilée, in dem sich das Unternehmen befindet, empfindlicher auf Berührungen und Veränderungen reagiert und diese Impulse immer schneller auf die abhängigen Systemglieder multipliziert. Die globalisierte Ökonomie verlangt von ihren Managern immer schnellere Entscheidungen in immer komplexeren Situationen. Hier kann den betroffenen Managern der systemische Ansatz helfen (vgl. Kriz, 2000, S. 10).

2.2.1 Systemische Kompetenz

Systemische Teilqualifikationen sind

- Berücksichtigung von Sozialstrukturen und Kontexten
- Umgang mit der Dimension Zeit
- Umgang mit emotionalen Dimensionen
- Soziale Kontaktfähigkeit
- Entwicklung von Selbstorganisationsbedingungen und
- Systemisches Theoriewissen (vgl. Kriz, 2000, S. 12 f)

„Systemkompetenz beinhaltet Grundhaltungen, Wissen, Handlungs- und Methodenkompetenz über das Wirksamwerden von Prinzipien der Systemwissenschaften (z. B. Rückkopplung, Nichtlinearität, Selbstorganisation) in verschiedenen Lebenswelten. Bei der aktiven Gestaltung menschlicher Lebenswelten schließt systemkompetentes Wissen und Handeln insbesondere einen nachhaltigen Umgang des Menschen mit seinem Körper, seiner Psyche (kognitive und emotionale Fähigkeiten), seiner sozialen, technischen und natürlichen Umwelt mit ein.“ (Kriz, 2000. S. 14 f)

Die Systemtheorie hat sich als integrative Theorie auch für soziale Systeme in den letzten 50 Jahren durchgesetzt und weiterentwickelt. Ihre Bedeutung für Unternehmen zeigt sich vor allem bei der Betrachtung der Erfolgsfaktoren, der Gefahren und Chancen des Managementhandelns. Denn: im Beziehungsgeflecht verschiedener Systeme steigern sich Autonomie und Interdependenz wechselseitig. Autonomie bewährt sich in Interdependenz, und Interdependenz setzt gleichzeitig Autonomie voraus. Der systemische Ansatz ist also ein Ansatz der Wechselwirkungen. Kein Subsystem kann analysiert werden, ohne nicht die Wechselwirkung zu betrachten, welche es mit anderen Subsystemen oder dem gesamten System eingeht. Die Systeme entscheiden dabei darüber, inwieweit sie die Ereignisse eines anderen Systems sinnvoll verarbeiten können (vgl. Hoffmann, 2024, S. 70 f).

Unternehmen sind – wie bereits oben beschrieben – eingebettet in ihre Unternehmensumwelt und deren Veränderungen und stehen in Beziehung zu einer ganzen Reihe von Teilsystemen. Um ihre Ziele zu erreichen, sind Unternehmen auf diese kommunikativen, sozialen und wirtschaftlichen Systeme angewiesen, und es gehört zu den Aufgaben des Managers, dieses Apparatesystem als sein eigenes Terrain zu beherrschen. Gerade auch die Strategieentwicklungen von Unternehmen und das Führen von Abteilungen und Teams werden durch das beschriebene System der Abhängigkeiten determiniert. Für eine solche systemische Betrachtung von Unternehmen gilt es insbesondere, das System-Umwelt-Verhältnis zu Zielgruppen und Zielräumen, Bündnisbereichen und Sympathisantenfeldern, zu Förderquellen und Blockierpotenzial, Feinden und Freunden in den Blick zu nehmen (vgl. Hoffmann, 2024, S. 71).

Die o. G. Rahmenbedingungen und Entwicklungen schlagen durch in den Führungsalltag von Vorgesetzten und müssen dort berücksichtigt werden. Durch den immer rasanter werdenden Wandel von Rahmenbedingungen und Stakeholderanforderungen ändern sich auch die Anforderungen an Führungskräfte (vgl. Thiemann, 2023, S. 1). Eine notwendige Führungskompetenz ist daher die systemische Sichtweise und systemisches Management.

Tab. 2.1 Unterschiede zwischen mechanistischem und systemischem Weltbild (vgl. Lang, o. J., o. S.)

Mechanistisches Weltbild	Systemisches Weltbild
Objektivität, eine Wahrheit, unveränderliche Gesetze	Wirklichkeitskonstruktionen, viele Wahrheiten, Thesen
klare eindeutige Ziele	diffuse, z. T. widersprüchliche Ziele
richtig-falsch, schuldig-unschuldig	Kontextabhängigkeit, Nützlichkeit, Anschlussfähigkeit
Prognostizierbarkeit	Ungewissheit
(Fremd-) Steuerung	Selbststeuerung, Selbstorganisation
lineare Kausalketten, klare Ursache-Wirkungsbeziehungen	vielfältige Wechselwirkungen, Feedbackschleifen, hohe Komplexität und Vernetzung
messbarer, fixer Unterschied	sich unterscheiden, verändern
linearer Fortschritt, ändern	entwickeln, ändern und bewahren, deblockieren
Planung von A bis Z	dynamisches, agiles, iteratives Vorgehen
formale Logik, Widerspruchsfreiheit, Ausschluss	Integration von Widersprüchen, Einbeziehung
harte Fakten, rationale Beziehungen	Integration von harten und weichen Faktoren (Emotionen, Intuitionen, Kommunikationsprozesse)
Rollen der Manager: Macher, Führende und Geführte, Manipulation	Rollen der Manager: Impulsgeber, Gärtner, Befähiger, Entwicklungshelfer, Coach
Menschen als Befehlsempfänger	Menschen als eigenständige Akteure
Methoden: Instruktion, Anordnung, Befehl, Lernen durch Versuch und Irrtum	Methoden: Zuhören, Fragen, Dialog, Diskussion, Reflexion, Lernen des Lernens

Um die systemische Perspektive noch einmal zu verdeutlichen, soll sie dem traditionellen mechanistischen Weltbild in einzelnen Kriterien gegenübergestellt werden (Tab. 2.1).

2.2.2 Kybernetik

Mit der Systemtheorie eng verwandt ist die Kybernetik. David Taylor schreibt: „Die Welt des Managers der alten Schule erinnert mich an die eines guten Kapitäns zur See. Sein Leben wird von externen Faktoren bestimmt - dem Wetter, dem Meer und den Passagieren. Er kann niemals Herr über diese Kräfte sein, wohl aber über seine Reaktionen, sein Verhalten und die Art seiner Führung." (Taylor, 2004, S. 118) Er greift damit das bekannte Bild des „Cybernetes" (= Steuermann) auf, womit der Manager im offenen System (also das von außen determinierte und mit anderen Systemen verbundene System) gemeint ist. Der mit der Systemtheorie eng verbundene Begriff der Kybernetik wurde Mitte des 20. Jahrhunderts durch den amerikanischen Mathematiker Norbert Wiener geprägt, der sich damals in der US-amerikanischen Denkfabrik MIT (Massachusetts Institute of Technology) mit der Steuerung automatischer Waffensysteme befasste. Cybernetes ist der Steuermann, und die Kybernetik ist die Wissenschaft von der Steuerungskunst technischer, vielleicht auch psychischer, in jedem Fall sozialer Systeme (vgl. Hoffmann, 2011, S. 40).

2.2.3 Spieltheorie

Die im systemischen Managementdenken angewandte Spieltheorie stellt gewissermaßen ein Gedankenexperiment dar, dass nicht nur den Denkrahmen und die entscheidenden Begriffe klar und verständlich vorgibt, sondern Einsichten und Vorhersagen durch das Herumspielen mit Eventualitäten liefert. Für die „Spieler" wird erkennbar, dass jede Handlung im Spiel im Zusammenhang mit den Handlungen verzahnter anderer, größerer und kleinerer Spiele zu sehen ist, wobei das eigene Verhalten in einem Teilspiel auch die mit diesem Teilspiel verzahnten anderen Spiele in der Gegenwart und der Zukunft beeinflusst. Es wird deutlich, welche Spieler und Rahmenbedingungen es gibt und wie sich Machtpositionen durch Beeinflussung der Spielregeln bestimmen. Gleichzeitig können die Spieler erkennen, mit welchen Hebeln das Spiel im eigenen Sinne beeinflusst werden kann. Ein weiteres wesentliches Merkmal ist, dass die Reaktion anderer Spieler auf die eigenen Entscheidungen nicht nur prognostizierbar, sondern auch in das eigene Kalkül einbezogen werden. Man erkennt, wie die Auffassungen der anderen Spieler zum eigenen Nutzen zu verändern sind, wie sich das Spiel verändert, wenn neue Spieler das Spielfeld betreten bzw. bisherige Spieler das Spielfeld verlassen und wie das Spiel aktiv zu gestalten ist, damit man das Spiel verändert, nicht durch das Spiel selbst verändert wird. So verstandene Spiele dienen im Sinne des Konstruktivismus auch dazu, die Welt nicht nur mit anderen Augen, sondern auch mit den Augen der anderen zu sehen. Es bietet sich die Chance, sich die Denkhüte anderer Spieler aufzusetzen und zu verstehen, wie diese auf eigene Strategien reagieren werden (vgl. Hoffmann, 2011, S. 41).

2.2.4 Pflicht zum systemischen Denken und Führen

Die Autoren Volker Bieta und Wilfried Siebe haben bereits 1998 in ihrem Buch „Spieltheorie für Führungskräfte" die militärischen Wurzeln der Spieltheorie und ihre Anwendbarkeit für den Managementalltag beschrieben. Nach ihren Ausführungen war die Spieltheorie aufgrund ihrer militärischen Wurzeln lange topsecret. Die Spieltheorie ist seit dem Zweiten Weltkrieg fester Bestandteil militärischen Krisenmanagements und militärischer Strategie und ist damit seit über sechs Jahrzehnten als strategischer Denkrahmen erprobt (vgl. Biete u. Siebe, 1998, S. 56 und 256). In Friedenszeiten fand und findet die Spieltheorie im militärischen Rahmen ihre Anwendung in Planspielen und Manövern. In diesen Realitätssimulationen der Generalstäbe können Konfliktabläufe, Konfliktalternativen und komplizierte Ablaufplanung mit situativ zutreffenden Entscheidungen bzw. ihren Alternativen durchgespielt werden. Über die Rand Corporation gelangt das vernetzte Denken in der Folge auch in die Denkfabriken des nichtmilitärischen Bereiches. Mit dem Buch „Theory of Games and Economic Behaviour" waren die Konzepte der Spieltheorie aber eigentlich bereits seit 1953 in die Ökonomie eingeflossen (vgl. Bieta & Siebe, 1998, S. 44 und 188).

Beim Militär und in der Wirtschaft geht es immer darum, sich in sich ändernden Rahmenbedingungen (s. o.) ein aktuelles Bild von der Lage zu machen, Lageentwicklungen zu beurteilen und Prognosen abzuleiten, die für das eigene Handeln richtungsweisend sind· Wenn kurzfristig systemische Situationen unter anderen Perspektiven zu erfassen sind, unterscheiden sich die grundsätzlichen Denklogiken von Spielern in militärischen und nichtmilitärischen Szenarien nicht. Die Unterschiede beider Systeme in der Anwendung spieltheoretischer Grundzüge liegen in der jeweiligen Leistungsfähigkeit: Während in militärischen Netzwerken die Spieltheorie immanenter Bestandteil der Führungskultur ist und damit schnell und effizient nutzbar ist, stößt ihre Anwendung in nichtmilitärischen Netzwerken oft erst einmal auf Wahrnehmungs-, Kompetenz-, Implementations- und Flexibilitätsblockaden (vgl. Hoffmann, 2011, S. 42).

Ein Hauptziel der Führungskräfteausbildung – auch in der Wirtschaft – muss sein, dass der Manager mit nachhaltig angelernten Instrumenten die notwendige Sensibilität für die Systemabläufe entwickelt, um sich systemgerecht verhalten zu können. Das regelmäßige Üben des spieltheoretischen Szenarienmanagements verbessert nachhaltig die eigene Netzwerkperformance. Mithilfe dieser Beurteilungsfähigkeit der Manager lässt sich die Flexibilität des geführten Teams und (bei entsprechender Verbreitung des Ansatzes) des Gesamtunternehmens in einer Welt, die sich rasch verändert, erhöhen und seine Handlungsfreiheit absichern. In

Zeiten der Veränderungen und in Krisen hängt der Erfolg eines Unternehmens vom guten Führungsverhalten ab. Je schneller dabei die Handlungsgeschwindigkeit der Führenden und je größer der jeweilige Handlungsspielraum der Führenden ist, desto höher ist i. d. R. auch der unternehmerische Erfolg.

3 Führungsmängel

In seinem Planspiel-Buch schreibt Jürgen Graf: „Führungskräfte sollen führen. Sie müssen – und diese Aufzählung ist sicherlich unvollständig – Vorbild sein, Orientierung geben, Ziele setzen und die dazu notwendigen Entscheidungen treffen. Überspitzt ließe sich formulieren: Führungskräfte müssen die Fähigkeit besitzen, zukünftige Entwicklungen vorauszusehen und einzuschätzen, um bereits in der Gegenwart die entsprechenden und erfolgversprechenden Maßnahmen einzuleiten." (Graf, 1992, S. 12).

Fraglich ist jedoch, ob Führungskräfte von heute diesen und den zuvor geschilderten Anforderungen gewachsen sind. Bernd Schmid, Leiter des Instituts für systemische Beratung in Wiesloch, bringt die Problematik auf den Punkt:

> *„Wenn der warme Wind des Wachstums in Fahrtrichtung weht, reicht Handgestricktes und Mittelmäßiges, um voranzukommen und sich als großer Seemann zu fühlen. Seit schwereres Wetter angesagt ist, wird sichtbar, wie gering die Steuerungskompetenz wirklich ist. Eine Pisa-Studie des Managements und der Führung wäre sicher interessant."*
>
> (Schmid, 2008, S. 36)

Tatsächlich existiert bereits so etwas wie eine Pisa-Studie des Managements: Das Marktforschungsunternehmen Gallup veröffentlicht jährlich einen sogenannten „Engagement Index", dessen alarmierende Ergebnisse in Bezug auf Mitarbeitermotivation sich tatsächlich jährlich – mehr oder weniger – zu wiederholen scheinen. So ist ein Großteil der Beschäftigten in Deutschland mit ihrer Arbeit nicht zufrieden und kann sich mit ihr nicht identifizieren. In konkreten Zahlen für das Jahr 2024 heißt das:

E. Hoffmann, *Das Planspiel als nachhaltige Methode in der Führungsausbildung*, essentials,
https://doi.org/10.1007/978-3-658-50874-6_3

- „Der Anteil der Beschäftigten mit geringer emotionaler Bindung befindet sich auf einem historischen Höchststand: 78 % machen nur noch Dienst nach Vorschrift.
- Die Zahl der emotional hoch gebundenen Mitarbeitenden fällt auf ein Rekordtief von 9 % (2023: 14 %).
- Lichtblick: Die Zahl der Beschäftigten ohne emotionale Bindung (innere Kündigung) sinkt von 19 auf 13 %." (Gallup, 2025, S. 4)

Und zwei weitere Ergebnisse derselben Studie: Die Zufriedenheit der Mitarbeitenden mit ihrer Führungskraft hat abgenommen: nur noch 16 % sind voll und ganz von ihr überzeugt (2023: 22 %). Und auch das Vertrauen in die Vorgesetzten hat gelitten: Nur noch 21 % vertrauen ihrer Führungskraft uneingeschränkt (2022, 41 %; 2019: 49 %) (vgl. Gallup, 2025, S. 24 f.).

3.1 Mangelnde Führungskräfteausbildung

Die Führungskräfteentwicklung erfolgt in der Wirtschaft und Verwaltung in der Regel im Rahmen der betrieblichen Weiterbildung, mit oder ohne Einbeziehung externer Seminaranbieter, Personal- und Managementtrainer bzw. Business- und Persönlichkeitscoaches. Führungskräfte werden also in den meisten Fällen nicht ausgebildet für ihre Führungstätigkeit, sondern man versucht ihnen die notwendigen Kompetenzen – im Sinne einer Defizitbehandlung – im Nachhinein durch mehr oder weniger geeignete Weiterbildungsmaßnahmen beizubringen. Hier sollen sie lernen, wie man mit anderen Menschen umgeht, wie man fachübergreifend denkt, koordiniert und strategische Entwürfe für die Zukunft entwirft. Leider muss man aber der Ausbildung von Führungskräften in Deutschland ein eher schlechtes Zeugnis bescheinigen: Die Mängel in der Ausbildung für angehende Führungskräfte sind bereits im Studium sichtbar. Obwohl von Hochschulabsolventen von heute immer wieder verlangt wird, dass sie mehr als nur Fachwissen beim Einstieg in den Beruf mitbringen müssen, scheint sich in der akademischen Berufsvorbereitung bisher nicht viel getan zu haben. Der Nachweis dieser zusätzlichen nichtfachlichen Fähigkeiten ist oft entscheidend, um die Hürde des Einstellungsverfahrens zu überwinden und den anschließenden Berufsalltag bestehen zu können. Es geht um die Qualifikation in den sogenannten Soft Skills, also den Eigenschaften und Kompetenzen, die über die fachliche Qualifikation – die natürlich nach wie vor vorausgesetzt wird – hinausgehen. Soft Skills stehen für einen ganzen Katalog von Fähigkeiten im Rahmen der Persönlichkeitsentwicklung, wobei das Spektrum von Menschenkenntnis und Empathie sowie Kommunikationsfähigkeit und Selbstmanagement bis hin zur Führungsqualifikation reicht. Diese Fähigkeiten hören sich in der Theorie selbstverständlich an, sind für viele Berufsanfänger aber oftmals der eigentliche und härteste Prüfstein für den Erfolg in ihrer Karriere, gerade weil sie in der (akademischen) Ausbildung i. d. R. nicht vermittelt wurden, denn die Hochschulen legen den Schwerpunkt überwiegend auf die Ausbildung der fachlichen Kompetenzen.

Im Mittelpunkt einer Untersuchung, die die Carl-Zeiss-Stiftung 2016 in Zusammenarbeit mit den Universitäten Tübingen, Mainz und Jena durchführte, stand die Frage: „Inwieweit bereiten Universitäten ihre Studierenden im Rahmen eines Fachstudiums auf spätere Führungsverantwortung vor?" Die wissenschaftlich-methodische Analyse des Lehrangebots von 600 Bachelor- und Master-Studiengänge im Bereich der Wirtschaftswissenschaften sowie der sog. MINT-Fächer (Mathematik-, Ingenieur- und Naturwissenschaften) kam dabei zu folgenden besorgniserregenden Ergebnissen:

- „Führung, Ethik und Verantwortung sind in der universitären Ausbildung als Lernziele kaum vorhanden.
- Führungsverantwortung als zu erwerbende Kompetenz ist in 73 % der untersuchten Studiengänge formal gar nicht oder kaum verankert.
- Das Wort „Führungsethik" findet sich auf den 76.712 Seiten aller untersuchten Modulhandbücher nur ein einziges Mal. Das Wort „Führungsverantwortung" kommt auf ganze 4 Nennungen.
- Wenn es im Studium tatsächlich einmal zur intensiveren Auseinandersetzung mit Fragestellungen aus dem Bereich der Moral, Ethik und Verantwortung kommt, so ist dies im Wesentlichen nur dem Engagement einzelner Personen (Lehrender) zu verdanken.
- (...) Das Lernziel „Führungsverantwortung" wird in den Rahmenvorgaben für die Hochschulausbildung zwar als relevant eingestuft; von Seiten der Hochschullehre wird hier allerdings nichts Nennenswertes geleistet." (Weibler & Kuhn, 2017: o. S.)

Es muss noch einmal deutlich darauf hingewiesen werden, dass Führungskräfte in Deutschland ihre Führungskompetenz (wenn denn überhaupt) nicht erlangen, bevor sie die Führungsverantwortung und damit die Verantwortung für Menschen übernehmen. Alle Weiterbildungsmaßnahmen zur Erhöhung der Führungskompetenz erfolgen in der Regel nachdem sie befördert wurden. Wenn Führungskräfte etwas über Führung lernen, dann passiert dies, wenn sie bereits die Führungsverantwortung übernommen haben. Manager in der Wirtschaft müssen das Thema

Führung quasi nebenbei lernen. Spitzenpositionen in den Unternehmen sind damit sehr teure Ausbildungsplätze (vgl. Hoffmann, 2018, S. 129).

Eine Studie mit 860 Führungskräften von Prealize erbrachte 2017 folgende Befunde, die eigentlich den meisten Personal- und Führungskräfteentwicklern schon bekannt waren und die sich seitdem aber auch nicht wesentlich geändert haben:

- Führungsposition wurden in 82 % der Fälle mit dem fachlich Besten besetzt und nicht mit dem, der die besten Führungsqualitäten hatte.
- Für 91 % der Befragten hatte es beim Wechsel in die Führungsposition keine Vorbereitung auf die neue Aufgabe gegeben.
- Eine logische Folge: Führungsaufgaben wurden von 85 % als anstrengend erlebt.

Das Letztgenannte ist keine neue Erkenntnis, wie das Zitat von Gordon zeigt: „Hat ein Führer Schwierigkeiten mit seiner Rolle, liegt es meist an seiner eigenen Unfähigkeit. Angesichts der Tatsache, dass nur wenige Menschen jemals für diese Rolle ausgebildet worden sind, kann man verstehen, warum die Führungsrolle sich so häufig als schwierig, mühselig und enttäuschend erweist." (Gordon, 1993, S. 12)

Bezüglich der Frage der Führungsaufgabe in Zeiten des Wandels kam die o. g. Prealize-Untersuchung zum Ergebnis, dass 98 % der teilnehmenden Führungskräfte ihre Führungsrolle nicht aktiv annehmen und lediglich 15 % Veränderungsprozesse in ihrem direkten Aufgabenbereich verorteten. (vgl. Prealize, 2017, S. 11).

Immerhin konnte die Gallup-Studie 2025 konstatieren, dass Unternehmen mittlerweile in die Führungsfortbildung ihrer Führungskräfte investieren: In 2024 haben sechs von zehn Führungskräften an Fort- und Weiterbildungen teilgenommen, die ihnen helfen sollen, bessere Vorgesetzte zu werden (vgl. Gallup, 2025, S. 2). Allerdings waren die Teilnehmer da schon Führungskräfte. Damit handelt es sich um eine Weiterbildung und nicht um eine grundständige Führungsausbildung.

3.2 Mängel auch in der Führungskräfteweiterbildung

Der Führungsweiterbildung innerhalb der deutschen Weiterbildungsszene wird insgesamt kein gutes Zeugnis ausgestellt. Grundsätzlich gibt es kaum ein Gebiet, wie das der Managementtrainings, in dem so viel Unsinn unwidersprochen erzählt oder geschrieben werden kann. In vielen Maßnahmen muss nach wie vor pseudowissenschaftliches Halbwissen, Beliebigkeit und Willkür konstatiert werden. Der Seminarmarkt bietet zwar grundsätzlich Möglichkeiten, Kenntnislücken aufzufüllen, meistens allerdings nur bruchstückhaft und zusammenhanglos. Ein einigermaßen geschlossenes Ganzes, das auch nur annäherungsweise an eine systematische Ausbildung herankommt, wie sie für jeden Beruf selbstverständlich ist und wie sie jeder in seinem Fach von einem Universitätsstudium erwartet ist damit in den meisten Fällen nahezu ausgeschlossen. Dass durch gelegentliche und meistens Jahre auseinanderliegende Besuche von zwei- oder dreitägigen Seminaren als „Crash-Kurse" eine wirklich umfassende Führungskompetenz entstehen kann, ist kaum zu hoffen (vgl. Hoffmann, 2011, S. 24 und 2018, S. 130).

Richard Gris beschreibt (zugegebenermaßen sehr polemisch) die inhaltlichen Auswüchse von „kreativen Führungstrainings": „Führungstrainings zusammen mit blinden Menschen in einem stockdunklen Raum, Teamtraining als Krimifall, Seminare 250 m unter der Erde in einer Kohlegrube, Lach-Seminare für mehr Gesundheit, Rentierschlittenfahrten in Skandinavien, Schwitzen in der Sauna, Persönlichkeitsentwicklung aus schamanischer Sicht, Strategiefindung und Selbsterfahrung in der Wüste bei Sonne und Sandsturm – es gibt nichts, was es nicht gibt. Und wer bezahlt es? Die Firmen mit konfliktscheuen Chefs." (Gris, 2008: 136).

In vielen Firmen wird die Führungskräfteentwicklung durch das Nachdenken über sich selbst und sehr abstrakte Theorien über richtiges Führungshandeln bestimmt. Hier wird viel Geld in die falschen Seminare und die falschen didaktischen Ansätze gesteckt. Außerdem sind auch die Zeitansätze für die Fortbildung der Führungskräfte i. d. R. zu gering bemessen und die Seminare sind oft zu theoretisch angelegt. Richtiges Führungshandeln lernt man aber vor allem durch das eigene Tun. Das gesamte Qualifizierungsarrangement betrieblicher Managementbildung gehört daher auf den Prüfstand: Ziele, Inhalte, Referenten, Methodik und Ablauf (vgl. Hoffmann, 2011, S. 25).

Auch mit der Nachhaltigkeit von Weiterbildungsmaßnahmen ist es in vielen Fällen nicht gut bestellt. Alles was in Seminaren, Workshops und im Coaching gelernt und erarbeitet wird, sollte eigentlich die Grundlage für eine zukünftige verbesserte Performance der zukünftigen Führungskraft im beruflichen Alltag sein. Das was er nach der Schulung besser, schneller, billiger oder anders machen soll, wird in vielen Fällen offenbar in der Praxis nicht zuende gebracht. Diese eigentlich notwendige Transfersicherung wird vor allem dann schwierig, wenn es den jeweiligen Seminarteilnehmern überlassen wird, was sie von den Seminarinhalten umsetzen. Zwar gibt es zuweilen bei Seminaren den einen oder anderen Wissenstests, aber die Konsequenzen sind nicht wirklich weitreichend, wenn sich eklatante Lücken in der Umsetzung im Führungsalltag zeigen. Was soll auch passieren? Schlechte Bewertung im Jahresbeurteilungsgespräch? Eintrag in die Personalakte? Abmahnung wegen Lernverweigerung? Es herrscht meist gar kein Zwang, nach einer entsprechenden Fortbildung ein akzeptables Führungsverhalten an den Tag legen zu müssen, da dies faktisch in den wenigsten Unternehmen verlangt wird. Zusätzlich muss man sich aber auch fragen, in welcher Form gute (gelernte) Führung in den Unternehmen überhaupt honoriert wird. Welchen Anreiz haben Führungskräfte, ein gutes Führungsverhalten an den Tag zu legen? Und im Rahmen der Unternehmensentwicklung bleibt oft die Frage offen, wie die Führungskräfteentwicklung mit der strategischen Ausrichtung des Unternehmens verknüpft wird (vgl. Hoffmann, 2011, S. 26 f.).

3.3 Mängel in der Rollenübernahme als Führungskraft

Hinzu kommt ein Motivationsproblem: Wer aufgrund seiner sehr guten Facharbeit zum Vorgesetzten befördert wurde, dem macht diese Arbeit wahrscheinlich Spaß; deshalb hat diese Person den entsprechenden Beruf ja auch irgendwann ergriffen. Führungsarbeit muss aber nicht unbedingt Spaß machen: Die Behandlung privater oder beruflicher Probleme von Mitarbeitenden, Verwaltungsarbeit, Mitarbeit in der Organisations- und Personalentwicklungsarbeit, Strategiesitzungen oder Marketing und Vertrieb sind Zusatzaufgaben, die (mit Übernahme des Chefpostens) für viele plötzlich und völlig überraschend in der neuen „Arbeitsplatzbeschreibung" stehen. Es ist kein Wunder, dass sich unvorbereitete Führungskräfte dieser Aufgaben nicht gerne annehmen und stattdessen lieber weiterhin einen Großteil ihres Engagements in die Facharbeit und in fachliche Detailprobleme investieren. Zeit für Führung, für Mitarbeitergespräche, für regelmäßiges Feedback und für ein ehrlich gemeintes Interesse für die Mitarbeitenden als Menschen fehlen dann (vgl. Hoffmann, 2018, S. 130). Und so hat die o. g. Studie von Prealize auch herausgefunden, dass sich Führungskräfte lieber fachlich qualifizierten als im Bereich der Führung (85 % versus 15 %). Hinzu kommt, dass sich Führungskräfte der Verantwortung, die mit Menschenführung einhergeht, nicht stellen wollten (88 %) (vgl. Prealize, 2017, S. 11 f.). Gerade in Zeiten des Wandels steht aber Kommunikation ganz oben auf der Liste der Führungstugenden. Beschäftigte möchten darüber informiert werden, wo das Unternehmen steht, was die anstehenden Veränderungen für sie persönlich und ihren Arbeitsplatz bedeuten und was die nächsten Schritte sind. Ausreichende Information „von oben" erhöht die subjektiv empfundene Sicherheit. Gleichzeitig sind Führungskräfte in dieser Situation vermehrt auf die Informationen „von unten" angewiesen, gerade auch, um richtige Entscheidungen treffen zu können (vgl. Hoffmann, 2018, S. 130).

3.4 Kein Führerschein für Führungskräfte

Führungskräfteentwicklung in Organisation darf kein „nice-to-have" sein. Im Gegenteil: Es muss für Führungskräfte eine Pflicht bestehen, gut zu führen. Dies hat zwei wesentliche Gründe, die in der hohen Verantwortlichkeit der Führungskräfte liegen:

- Führungskräfte müssen die ihnen übertragenen Aufgaben erledigen, um kurz- und langfristige Ziele unter den Bedingungen des Wandels für das Unternehmen zu erreichen.
- Führungskräfte müssen die ihnen anvertrauten Mitarbeiter anständig führen, um deren Motivation und Gesundheit zu erhalten; was langfristig ebenfalls zur Verbesserung des Unternehmensergebnisses beiträgt.

Verschiedene Studien machen deutsche Führungskräfte sowohl für mangelnde Effizienz in der Bearbeitung ihrer Aufgaben als auch für mangelnde Mitarbeitermotivation verantwortlich (z. B. die jährliche GALLUP-Untersuchung) und Arbeitswissenschaftler wissen, dass der sogenannte weiche Faktor „Führungsstärke" den wirtschaftlichen Erfolg von Unternehmen beeinflusst.

Führungskräfte haben also eine immense Verantwortung gegenüber den ihnen anvertrauten Mitarbeitern. Diese Verantwortung können sie nur übernehmen, wenn sie das notwendige Handwerkszeug zur Führung von Mitarbeitern nachhaltig erlernt haben und (unter regelmäßiger Kontrolle) im Führungsalltag anwenden. Die Realität zeigt ja (und zwar empirisch), dass viele Führungskräfte eben doch Schwierigkeiten mit der Führungsrolle haben, dass Mitarbeiter unter ihren Chefs zu leiden haben und dass es zudem Verbesserungspotenzial bei der Effizienz und Effektivität in der Umsetzung gegebener organisationseigener Ziele gibt. Dies trifft sowohl für den Führungsalltag in ruhigen aber insbesondere in wirtschaftlich stürmischen Zeiten zu.

Von verschiedenen Seiten wurde daher auch schon vor über 10 Jahren für angehende Führungskräfte ein „Führerschein für Führungskräfte" gefordert. Jeder Autofahrer benötigt einen Führerschein, damit sein Verhalten im Straßenverkehr keine Gefahren auslöst – weder für sich selbst noch für andere. Und im Grunde müssen ja auch andere Professionen, die mit anvertrauten Menschen zu tun haben (z. B. Lehrer, Sozialarbeiter, Ärzte, Therapeuten), nachweisen, dass sie dies gelernt haben und dies beherrschen. Es darf nicht vergessen werden, dass festangestellte Vollzeit-Mitarbeitende ihrer Führungskraft etwa 220 Arbeitstage pro Jahr mit je 8 h mehr oder weniger „ausgeliefert" sind. In dieser Zeit können Führungskräfte, die Führung nie gelernt haben, viel falsch machen – bis hin zu irreparablen ökonomischen und/oder personellen Schäden.

3.5 Die Veränderbarkeit von Menschen

Grundsätzlich ist natürlich auch zu fragen, ob sich Menschen (die Führungskräfte werden sollen) überhaupt verändern lassen. Kann man aus einem eher ruhigen und zurückhaltenden Menschen einen mitreißenden Führer machen? Nach wie vor hört man die Aussage, dass man zum Führen geboren sein muss, und dies nicht erlernen könne. Tatsächlich wird diese Aussage von Führungskräften oft als Entschuldigung gebraucht, um ihren eigenen Mangel an Führungsqualitäten zu rechtfertigen bzw. um sich nicht verändern zu müssen. Führung kann man aber tatsächlich lernen, und dies betrifft nicht nur die klassischen Führungsinstrumente, sondern auch die entsprechende Einstellung. Wenn wir unsere inneren Überzeugungen nicht ändern könnten, dann wäre unsere Einstellung mit 60 Jahren ja noch die gleiche wie mit 40 oder 20.

Malik plädiert zwar gegen die Versuche, die Persönlichkeit von Menschen zu verändern, sieht aber die Notwendigkeit, sich im Training mit den Mängeln zu befassen, die der vollen Entfaltung und Nutzung der Stärken im Wege sind (vgl. Malik, 2001, S. 121). „Es gibt Defizite, die man beseitigen kann und soll." (Malik, 2001, S. 130) Zu diesen eliminierbaren Mängeln gehören nach Malik Lücken an Wissen und an Kenntnissen, Fertigkeiten (Skills), Verständnis für andere Aufgaben und Fachgebiete und schlechte Gewohnheiten. Eigenarten der Persönlichkeit lassen sich seiner Meinung nach kaum beseitigen (vgl. Malik, 2001, S. 13 f.). Gerade deshalb aber mache es Sinn, nicht an der Persönlichkeit, sondern am beobachtbaren Verhalten zu arbeiten. Eine Führungskraft sollte – beobachtbar für andere – die Aufgaben in seinem Verantwortungsbereich zusammen mit seinen zugewiesenen Mitarbeitern erledigen und diese dabei so gut wie möglich behandeln – egal ob er dieses Verhalten als Haltung verinnerlicht hat. Malik ist auch nicht der Meinung, dass sich Menschen gar nicht ändern können (auch wenn die Persönlichkeitsstrukturen seines Erachtens weitgehend in den Dreißigern gefestigt sind) (vgl. Malik, 2001, S. 122).

In diesem Zusammenhang muss darauf hingewiesen werden, dass Führungskräfte (über Führungskräfteentwicklungsmaßnahmen) verpflichtend zu gutem Führungsverhalten zu bringen sind – ob sie das wollen oder nicht. Es steht für das Unternehmen einfach zu viel auf dem Spiel. Die Alternative ist, dass eine entwicklungsresistente Führungskraft, welche diesen Weg nicht gehen möchte, das Unternehmen verlassen muss.

Planspiele als Teil der Lösung

4

Die wesentliche Herausforderung einer fundierten und nachhaltigen Ausbildung für angehende Führungskräfte besteht darin, ihnen diese Aufgabe möglichst nachhaltig und mit ihren verschiedenen Facetten näherzubringen. Um die Rahmenbedingungen und die systemischen Wechselwirkungen im Führungsalltag zu meistern, müssen angehende Führungskräfte

- die systemischen Vernetzungen, Chancen, Gefahren und Abhängigkeiten des eigenen Führungshandelns verstehen und in der praktischen Arbeit berücksichtigen und
- die eigene Rolle im System finden, akzeptieren und inhaltlich füllen.

Wie oben dargestellt, wirken zahlreiche Kräfte auf Unternehmen und Führungskräfte ein und beeinflussen – gewollt oder ungewollt – die unternehmerische Wirklichkeit. Noch einmal: Es gehört zu den Aufgaben von Führungskräften, dieses Gesamtsystem von Abhängigkeiten zu beherrschen und das SystemUmweltVerhältnis zu Zielgruppen und räumen, Bündnisbereichen und Sympathisantenfeldern, Förderquellen und Blockierpotenzialen in ihrem strategischen Handeln zu berücksichtigen. Führungskräfte übernehmen im Unternehmenssystem die Aufgabe des Steuermanns, der das Schiff auf einem geraden Kurs halten soll, die Bedingungen von Wind und Wellen korrigieren, also gegebenenfalls gegen oder nachsteuern muss, um den Kurs zu halten. Letztlich werden sie auch Entscheidungen zugunsten eines bestimmten Ziels fällen und damit oft auch gegen die Zielsetzung anderer Systeme oder der verschiedenen Stakeholder handeln.

E. Hoffmann, *Das Planspiel als nachhaltige Methode in der Führungsausbildung*, essentials,
https://doi.org/10.1007/978-3-658-50874-6_4

Um diese Kompetenzen im Rahmen einer Führungskräfteausbildung aufzubauen, ist eine Methodik notwendig, die zielorientiert, praxisorientiert und nachhaltig systemisches Führungshandeln einübt. Planspiele bieten genau diese umfassende Möglichkeit, intensive, motivierende, fachlich fundierte und effiziente Lehrveranstaltungen zur Stärkung der systemischen Führungskompetenz durchzuführen (vgl. Forberg, 2020, S. 54; Kriz, 2000, S. 14).

4.1 Lernen und Methodik

Ob und wie man innerhalb einer Führungskräfteausbildung sein Verhalten und seine Einstellung tatsächlich ändert, hat etwas mit der Nachhaltigkeit der Ausbildung zu tun. Dieses Thema ist nicht neu. Bereits in den 70er-Jahren, als der dozierende Unterricht von teilnehmeraktivierenden Lehrmethoden (zumindest theoretisch) abgelöst wurde, stellte man sich die Frage, wie das in der Weiterbildung Erlernte erfolgreich in den Berufsalltag übertragen werden kann. Andererseits ist das Thema auch in den 70er-Jahren des 20. Jahrhunderts schon nicht mehr neu gewesen. In der pädagogischen Methodenlehre hat man sich immer Gedanken darüber gemacht, wie errungenes Wissen nachhaltig gespeichert werden kann, um anschließend in der Praxis angewendet werden zu können. Die seit langem propagierte neue Lernkultur in der Berufspädagogik wendet sich damit ab von der lehrerzentrierten Didaktik mit einer linearen Vermittlungsstruktur zugunsten einer auf die Lernenden zentrierten Didaktik mit vernetzter Selbstlernstruktur. Die traditionelle „Belehrungsdidaktik" verliert damit an Bedeutung zugunsten einer „Ermöglichungsdidaktik" (vgl. Hoffmann, 2020, S. 5). In diesem Sinne sollten die Phasen der selbstständigen Teilnehmerübungen umfangreicher sein. als die Phasen der Lehrerexposition, was sich auch an der Bedeutung der o. g. praktischen Methoden für den Lernerfolg zeigt (vgl. Siebert, 2000, S. 21; Ott, 2000, S. 7 und 42).

Lernen lässt sich definieren als „…der relativ dauerhafte Erwerb einer neuen oder die Veränderung einer schon vorhandenen Fähigkeit, Fertigkeit oder Einstellung." (Ott, 2000, S. 35)

Wir lernen bekanntlich folgendermaßen:

- 10 % durch Lesen,
- 20 % durch Hören (Vorträge/Referate etc.),
- 30 % durch Sehen (Visualisierungen),
- 80 % durch selber Sagen (eigene Vorträge/Referate) und
- 90 % durch selber Tun (Einzel-, Gruppenarbeit, Rollenspiel, Planspiel). (vgl. Ott, 2000, S. 17)

Abb. 4.1 Cone of Learning. (Quelle: Nach Thiemann, 2023, S. 6)

Diese in der Literatur zum Lernen verbreitete Auffassung, dass nur sehr wenig des Gelehrten bei einer rein verbalen Überlieferung behalten wird aber ca. 90 % des Gelehrten bei einer aktiv selbst erarbeiteten Aufnahme länger im Gedächtnis bleibt, geht bereits auf Konfuzius zurück und man könnte meinen, er hat daher wenig wissenschaftliche Aussagekraft. Aber: Tatsächlich bietet das multisensorische Lernen – also Lernen mit allen Sinnen einen vielversprechenden Ansatz für nachhaltige Lernleistungen (vgl. Thiemann, 2023. S. 2). Edgar Dale (1969) stützte mit der von ihm entwickelten „Cone of Learning" (Abb. 4.1) – im Deutschen: Lernpyramide – nicht nur die Konfuzius zugeschriebene Aussage, sondern er ordnete den Stufen der Lernmöglichkeiten auch Methoden zu. Einige Studien belegten später wissenschaftlich die Teilbereiche des Cone of Learning: Multisensorische Lernmethoden, wie Planspiele als Realitätssimulationen bewirken danach einen höheren Lerneffekt als einfaches Zuhören. Andererseits kann – je nach Design – ein Planspiel verschiedenste Methoden und Lerntheorien in sich vereinen (vgl. Thiemann, 2023, S. 5 ff.).

Es wurde bereits festgestellt, dass Führungskräfteweiterbildungen eine mangelnde Nachhaltigkeit aufweisen. Die starke Input- statt Outputorientierung, das Fehlen bzw. der Rückgang von Transfersicherungen, der mangelnde Zwang nach der Führungsweiterbildung ein akzeptables Führungsverhalten an den Tag legen zu müssen und das Unvermögen von Personalentwicklern, Ausbildungserfolge messen zu können, machen es dringend erforderlich, das Nachhaltigkeitsproblem anzugehen. Eine tatsächliche Führungsexpertise wird ab einem bestimmten Lernstadium nur durch praktische Erfahrung erreicht, nicht durch Auswendiglernen (vgl. Hentze & Graf, 2005, S. 85 ff.). Eine nachhaltige Führungskräfteausbildung sollte sich logischerweise vor allem auf eine Methodik konzentrieren, die das Mitmachen und das eigene Tun im Lernprozess fördert und fordert. Da es bei Führungskräfteentwicklung um Verhaltensänderung geht, kann der Lernerfolg auch nur durch verhaltensorientierte Methoden erlernt werden (auch Fahrradfahren lernt man nicht dadurch, dass man ein Buch liest.). Als sinnvolle praktische handlungsorientierte Methoden kommen hier vor allem Einzel- und Gruppenarbeit, Rollenspiele und das Planspiel in Frage (vgl. Kriz, 2000, S. 72). Hierzu ist es im ersten Schritt erforderlich, die Inhalte durch eigenes Handeln und Erleben und begleitende Rückmeldungen über eigenes Verhalten zu erwerben und zu vertiefen und anschließend das Gelernte zu wiederholen und zu üben. Ohne Wiederholung und Übung sind langfristige Lernerfolge eher die Ausnahme. Zum Thema Übung schreibt Malik: „Selbst diejenigen, die begabt sind, müssen trainieren, mit dem Werkzeug umzugehen. Kein Chirurg kommt mit der angeborenen Fähigkeit zur Welt, eine Knochensäge oder ein Laserskalpell zu bedienen. Aber auch Menschen mit großer Begabung müssen den Umgang etwa mit dem Tennis- oder Golfschläger trainieren. Bemerkenswerterweise betreiben gerade die größten Begabungen auch in aller Regel das intensivste Training – und das nicht nur im Sport, sondern auf allen Gebieten. (…) Warum ist dieser Gedanke im Management nicht zu finden?" (Malik, 2001, S. 59) Diese polemisch wirkende Frage ist nicht aus der Luft gegriffen: Im Weiterbildungsgeschäft findet i. d. R. eine tatsächliche Übungsfrequenz nicht statt (wie z. B. beim Erlernen einer Sportart). Denn offensichtlich wollen weder die Teilnehmer sich durch einen solchen Übungsparcours, bei dem bestimmte Verhaltensweisen immer und immer wieder geübt werden (was durchaus sinnvoll wäre), „hindurchquälen", noch möchten sich die Managementtrainer den Zorn ihrer Trainees zuziehen, wenn sie auf solchen Wiederholungen bestünden (vgl. Gris, 2008, S. 77).

Der Lernprozess sollte aber – wie schon gesagt – aus stetiger praktischer Übung bestehen, um Inhalte tatsächlich zu verankern, wobei es sich bei den Inhalten sowohl um neue Kenntnisse und Fähigkeiten als auch um neue Einstellungen handeln kann. Unermüdliches, fortgesetztes Trainieren ist der Weg zur Beherrschung von Führungsinstrumenten. Einen anderen Weg gibt es nicht. Auch Profis in anderen Hochleistungsbereichen, wie in Flugzeugcockpits und Operationssälen müssen die exakt beschriebenen Standards laufend trainieren, damit sie ihnen in Fleisch und Blut übergehen (vgl. Springer, 2011, S. 17).

Thiemann schreibt: „Die Anforderungen an Aus- und Weiterbildungen ändern sich stetig und werden, aufgrund der immer komplexer werdenden Umwelt, ebenfalls zunehmend anspruchsvoller. Sie sind mittlerweile so vielfältig, dass ihnen kaum eine einzelne Lehrmethode gerecht werden kann, um notwendige Kompetenzen auch motivierend zu vermitteln. Aus dieser Problemstellung heraus haben sich bereits einige Ansätze, wie beispielsweise Blended Learning oder Gamification entwickelt. Ein weiterer und viel älterer Ansatz sind Planspiele als Lehrmethode." (Thiemann, 2023, S. VII)

4.2 Das Wesen von Planspielen

> *„Denn, um es endlich auf einmal herauszusagen, der Mensch spielt nur, wo er in voller Bedeutung des Worts Mensch ist und er ist nur da ganz Mensch, wo er spielt."*
> (Friedrich Schiller, 2009, S. 64)

Planspiele stellen die praxisrelevanteste Möglichkeit dar, um die Organisations- und Führungswirklichkeit innerhalb des Unternehmens realistisch zu simulieren (vgl. Hoffmann, 2018, S. 132). Gut gemacht, können sie angehenden Führungskräften den systemischen Rahmen vorgeben, innerhalb dessen sie Managementhandeln in wechselnden Lagen ausprobieren können. Dadurch ermöglichen Planspiele – im Sinne der Lernpsychologie – eine nachhaltige Wissensaneignung (vgl. Ott, 2000, S. 17).

Im Spielen wir der Mensch ganzheitlich erfasst – es hat etwas Natürliches und Menschliches inne. Daher ist es der bloßen Lehre überlegen. Und Planspiele machen sich dies zunutze, indem sie den natürlichen Spieltrieb von Menschen, ihre Neugier, ihr Schaffenspotenzial und gruppendynamische Effekte kombinieren, um die Teilnehmenden dauerhaft zu aktivieren und zu motivieren. Durch das Freisetzen von Emotionen werden die Lehrinhalte und das Selbst-Erlebte von den Teilnehmenden viel bewusster wahrgenommen (vgl. Dietrich, 2020, S. 44).

„Bei Planspielen geht es um die vereinfachte Abbildung realer Situationen. Die Variation bestimmter Parameter versetzt die TeilnehmerInnen in eine fiktive Situation, die ein vereinfachtes Abbild der Realität ist. Während mehrerer Spielrunden machen sich die TeilnehmerInnen mit der Situation vertraut, führen Verhandlungen und fällen konkrete Entscheide. (…). Während der nachfolgenden Transferphase werden durch systematische Reflexion der Erfahrungen aus dem Planspiel die Lerninhalte verankert. So erwerben die TeilnehmerInnen Erfahrungen und praxisnahes Handlungswissen." (lehrer-online.de, o. J., o. S.)

4.2.1 Kompetenzentwicklung

Planspiele sind geeignet, die Kompetenzentwicklung der Teilnehmer zu fördern. Unterschieden wird bei den Kompetenzen zwischen Fachkompetenzen und den überfachlichen Kompetenzen.

Fachkompetenzen sind rein fachliche Fertigkeiten und Kenntnisse, die in der Regel im Rahmen einer Ausbildung erworben und durch Fortbildung und Erfahrungen im Arbeitsfeld erweitert werden. Sie sind nötig, um im Kernbereich der eigenen Tätigkeit Aufgabenstellungen erfolgreich zu lösen. Neben theoretischen Kenntnissen sind hier praktisch anwendbares Handlungswissen und intellektuelle sowie handwerkliche Fähigkeiten und Fertigkeiten gefragt

Überfachliche Kompetenzen sind meist nicht Bestandteil der Ausbildung oder des Studiums, aber in der Berufswelt von hoher Bedeutung. Diese Fähigkeiten werden mit den Veränderungen von Rahmenbedingungen und neuen Entwicklungen, die einen Einfluss auf die Berufstätigkeit haben, immer wichtiger. Genannt seien hier die personale Kompetenz und die Sozialkompetenz. Die personale Kompetenz umfasst Fähigkeiten und Einstellungen, die der Einzelne benötigt, um sich im Beruf angemessen selbst zu organisieren und zurechtzukommen.

Zur personalen Kompetenz zählen grundsätzlich Eigenschaften wie Lernbereitschaft, Leistungsbereitschaft, Selbstreflexionsbereitschaft, Belastbarkeit, Hartnäckigkeit, Kritikfähigkeit, ethisches Verhalten, Risikobereitschaft, Zielsetzungs- und Entscheidungsfähigkeit, Selbstverantwortung, Selbstbewusstsein, Selbst- und Zeitmanagement, analytische und konzeptionelle Fähigkeiten und Kreativität, strukturierendes Denken, ganzheitliches Denkvermögen, Innovationsfähigkeit und Aktivität.

Sozialkompetenz ist die Fähigkeit eines Menschen, mit anderen Menschen innerhalb und außerhalb des Unternehmens kommunikativ und partnerschaftlich zusammenzuarbeiten. Die Sozialkompetenz fokussiert die Fähigkeit, sich in sozialen Systemen zu bewegen, soziale Strukturen zu verstehen und zu nutzen und soziales Miteinander zu begleiten. Sozialkompetenz wird benötigt im Umgang mit Vorgesetzten, Mitarbeitenden, Kundschaft und Geschäftspartnern. Sie umfasst Team-, Konflikt-, Kooperations-, Integrations- und Kommunikationsfähigkeit, Kontaktstärke, Empathie sowie die Kenntnis rhetorischer Grundlagen. Bei (angehenden) Führungskräften gehören das Menschenbild, die Führungskompetenz, Durchsetzungsvermögen und Motivationsfähigkeit zusätzlich zur Sozialkompetenz.

Methodenkompetenz bezeichnet die Fähigkeit und Bereitschaft zum zielgerichteten, planmäßigen Vorgehen bei der Bearbeitung von Aufgaben und Problemen. Die Methodenkompetenz beinhaltet auch den reflexiven Umgang mit verschiedenen zur Verfügung stehenden Methoden, deren situativ-sachgerechte Auswahl sowie deren effizienten und effektiven Einsatz. Methodenkompetenz findet sich als übergreifende Kompetenz in jedem der drei anderen Kompetenzbereiche wieder (vgl. Kriz, 2000, S. 97).

Planspiele können das Trainieren von Entscheidungsverhalten bei komplexen Realitäten der Teilnehmenden unterstützen und gleichzeitig die Entwicklung sozialer Kompetenzen unterstützen. Durch die Rückmeldungen anderer Planspielteilnehmer und auch durch die Reflexion des eigenen Verhaltens kann die Selbst- und Sozialkompetenz geformt und bestimmte Verhaltensweisen entwickelt werden. Damit dienen Planspiele auch der Persönlichkeitsbildung der Teilnehmer. Aber auch formale Fähigkeiten und (manageriale) Techniken im Rahmen der Fach- und Methodenkompetenz können mit Planspielen eingeübt werden (vgl. Thiemann, 2023, S. 13 ff.; Bresinsky & von Reusner, 2020, S. 67).

4.2.2 Arten von Planspielen

Thiemann unterscheidet Planspiele grob hinsichtlich des Grades der Reglementierung, d. h. inwieweit die Rollen, die Regeln und die gesamte Simulation an sich vordefiniert und flexibel sind. So sind bei geschlossenen Planspielen die Szenarien, Handlungsmöglichkeiten und Bewertungskategorien zum größtenteils vordefiniert, während offene Planspiele nur durch wenige Regularien eingegrenzt werden (vgl. Thiemann, 2023, S. 17). Weitere Unterscheidungskriterien zeigt Tab. 4.1.

Planspiele können in Präsenz, online oder in hybrider Form gespielt werden. Mittlerweile existiert eine ganze Reihe von IT-basierten Planspielen auch für Managementausbildungen. Die Verwendung IT-gestützter Planspiele hat den Nachteil, dass die Spielphasen relativ fix getaktet sind und der Flow im Spiel gehemmt werden kann. Auch das tatsächliche Erleben der Führungsrolle face-to-face kann hier nicht in dem Maße abgebildet werden, wie ein Planspiel in Präsenz mit „echten" Mitarbeitenden und anderen Stakeholdern.

Der Autor hat selbst sehr gute Erfahrungen mit dem Einsatz von Planspielen gemacht: Seit über 25 Jahren lehrt er Führungstechniken an verschiedenen Hochschulen aber auch in Managementtrainings und verwendet dabei auch das Planspiel, um angehende Manager interaktiv und nachhaltig auf die Berufswirklichkeit vorzubereiten. Innerhalb der von ihm durchgeführten Planspiele werden Themen wie Unternehmensführung, Projektmanagement, Marketing, strategisches Denken, Mitarbeiterführung, Unternehmenskommunikation, Teamentwicklung sowie der Einfluss von sich ändernden Rahmenbedingungen und die Interdependenzen ver-

Tab. 4.1 Arten von Planspielen. (Nach Thiemann, 2023, S. 19 f.)

Kriterium	Geschlossene Planspiele	Offene Planspiele
Leitfrage	Das ist das Problem. Wie wollen Sie es lösen?	Das ist die Situation. Was wollen Sie tun?
Spieleinführung	Homogen	Heterogen
Rolle des Trainers	Direktiv	Nondirektiv
Umgang mit Individualität	Funktionsbedingt auf die Arbeitsteilung bezogen	Persönlichkeitsbedingt, mit Konfliktpotenzial
Zeitorientierung	Vergangenheitsorientiert (bezogen auf eine entstandene Krise)	Gegenwartsorientiert (Situation statt Krise)
Stellenwert der Regeln	Regelorientiert	Naturwüchsige Entwicklung des Planspiels
Fokus der Handlungen	Krisenorientiert	Prozessorientiert
Ablaufstruktur	Strukturiert	Unstrukturiert
Handlungsrichtung	Zielorientiert	Prozessorientiert
Arbeitsrichtung	Problemorientiert	Zufallsorientiert
Entscheidungsfreiheit	Eingeschränkt	Frei
Verhaltensnormierung	Normiert	Autonom
Umgang mit Konflikten	Harmonieorientiert	Realistisch

schiedener Stakeholderbeziehungen in einem fiktiven Unternehmensalltag gespielt. Dabei kommt es für die jeweils in der Verantwortung stehende Führungskraft darauf an, sich in diesem Spannungsfeld zu behaupten und die gesetzten Ziele zu erreichen. Diese Planspiele ermöglichen das Einüben erfolgreichen Handelns auch unter Bedingungen des Wandels durch:

- Identifikation von Widerständen,
- richtiges Kommunikationsverhalten,
- Einbeziehung von Machtpromotoren,
- Einsicht zur Notwendigkeit des Wandels und
- Strukturierung des Veränderungswissens.

Der jeweils im Spiel eingesetzte Manager übernimmt so auch im (Spiel-)System die Aufgabe des Steuermanns (Kybernetes). Der Ablauf folgt der Beschreibung von Rehm: „Im Spielverlauf werden die Teilnehmer durch „Einlagen“ immer von neuem herausgefordert: unerwartete Ereignisse, denen die Spieler gegenübergestellt werden, Hindernisse, die sie zu überwinden, Einwirkungen, die sie zu bewältigen haben. Gebrauch des Handwerkszeugs, Suche nach Lösungsmöglichkeiten, Entscheidung und Vollzug gehen Hand in Hand.“ (Rehm, 1964, S. 14) Das

Tab. 4.2 Vor- und Nachteile von Planspielen (vgl. Thiemann, 2023, S. 26; Dietrich, 2020, S. 45 f.; Kriz, 2000, S. 99 f.; Graf, 1992, S. 17)

Vorteile von Planspielen	Nachteile von Planspielen
• Komplexe Sachverhalte können vereinfacht im Planspiel vermittelt und bearbeitet werden. • Planspiele können als Methode motivierend auf die Teilnehmenden wirken, was sich positiv auf die Lernaktivität auswirken kann. • Durch den Einsatz eigenen Wissens in der Praxis des Planspiels wird dieses gefestigt. • Unterschiedliche unternehmerische Aspekte und ökonomische und soziale Wirklichkeiten zur Entscheidungsfindung können vermittelt werden. • Planspiele finden in einem sicheren Rahmen statt. • Die Teamfähigkeit der Teilnehmer kann gefördert werden. • Teilnehmer können voneinander lernen. • Die Persönlichkeitsentwicklung wird gefördert.	• Planspiele beruhen auf den primär subjektiven Annahmen und Vorstellungen der Planspielentwickler. • Nicht alle in der Praxis tatsächlich relevanten Einflussfaktoren können im Spiel berücksichtigt werden. • Die Lücken im Planspiel könnten zu Fehleinschätzungen von Leistungen führen. • Arbeits- und Zeitaufwand sind in der Vorbereitung und Durchführung hoch. • Gehemmte Teilnehmende könnten die Methode ablehnen. • Dominante Teilnehmende könnten andere im Lernerfolg behindern. • Die Erreichung vieler Lernziele könnte problematisch sein. • Zu viele Teilnehmende erschweren die Durchführung von Planspielen.

Führungskräftetraining in Planspielen führt damit zu der von der Coach-Ausbilderin Astrid Schreyögg benannten „konzeptionellen Kompetenz", bei der es darum geht, in Zusammenhängen und mehrperspektivisch zu denken (vgl. Schreyögg, 2003, S. 31).

4.2.3 Vor- und Nachteile von Planspielen

Planspiele haben neben den zahlreichen Vorteilen, die sie für die Führungskräfteentwicklung bieten, auch Nachteile. Tab. 4.2 zeigt potenzielle Vor- und Nachteile von Planspielen als Methode.

Den vielen Vorteilen der Methode Planspiel stehen also auch eine Anzahl an Nachteilen gegenüber. Und diese sorgen auch dafür, dass Planspiele nicht die Verbreitung in der Führungskräfteausbildung finden, wie sie es könnten und sollten: „Vermeintlich knappe finanzielle, personelle und zeitliche Ressourcen in den Unternehmen sowie die aufwendige Durchführung, Konzipierung und Planung kontextspezifischer Planspiele verhindern jedoch, dass diese als Lernmethode in

Unternehmen fest etabliert sind. Dies hat neben den Ressourcenargumenten zwei weitere wesentliche Ursachen: Erstens wird der Berücksichtigung unternehmensrelevanter Situationen und Herausforderungen bei der Konzeption und Durchführung und Durchführung von Planspielen noch zu wenig Aufmerksamkeit geschenkt. (…) Zweitens mangelt es an überzeugenden Evaluationsstudien, die den Mehrwert von Planspielen (…) überzeugend aufzeigen." (Zeiner-Finket al., 2020, S. 12).

4.3 Die Wurzeln von Planspielen

Das Planspiel als ein primär strategisches Spiel kann auf eine lange Geschichte zurückblicken. Seine Ursprünge sollen bis in die Zeit um 3000 v. Chr. zurückreichen. „Das indische Brettkampfspiel Chaturango (ca. 1000 v. Chr.) und das ca. 800 v. Chr. in Persien entwickelte Schach gelten als Vorgänger des heutigen Planspiels."(Thiemann, 2023, S. 13). Planspiele wurden in der Folge vor allem im Militär verwendet. Um Fehlentscheidungen und fehlerhaftes Verhalten im sogenannten Ernstfall zu vermeiden, übte man darin das richtige zweckmäßige Vorgehen (vgl. Massing, 2004, S. 163). Das ist nicht verwunderlich, denn nirgends sonst kosten Fehler solche Opfer wie im Krieg. Um Fehlentscheidungen und fehlerhaftes Verhalten im sog. Ernstfall zu vermeiden, übt man das richtige zweckmäßige Vorgehen im Planspiel (vgl. Rehm, 1964, S. 16). Der Ursprung der heutigen Planspiele lassen sich bis in das 17. Jahrhundert zurückverfolgen. Die ältesten, heute noch nachzuweisenden Spielregeln für ein – wie es damals hieß – „Königsspiel" stammen aus dem Jahre 1664. Dieses (Brett-)Spiel sollte schon damals dem militärischen Führer die Möglichkeit geben, „Zukünftiges in die Gegenwart zu projizieren, die Wirklichkeit gleichsam im Voraus zu erleben, sich auf das Kommende einzustellen, und sich planmäßig vorzubereiten und auszubilden." (Walitschek, 1977, S. 15). Gegen Ende des 18. Jahrhunderts entwickelte der Militärschriftsteller Georg Venturini das Spiel vom Brettspiel zum Planspiel und schuf damit die Voraussetzungen für ein taktisch entwicklungsfähiges Kriegsspiel. Die eigentlichen Begründer des Planspiels in der noch heute gebräuchlichen Form waren der preußische Kriegsrat v. Reisswitz und sein Sohn. 1812 wurde das „Kriegsspiel" dem preußischen König Friedrich Wilhelm III. vorgeführt. Das Kriegsspiel fand gerade im Kreise junger Offiziere so großes Interesse, dass sogar „Kriegsspiel-Clubs" gegründet wurden, dem sich z. B. auch v. Moltke 1828 anschloss. Die Planspiele wurden in der zweiten Hälfte des 19. Jahrhundert inhaltlich weiterentwickelt und im Laufe der Zeit fanden sie nahezu in allen europäischen Armeen Eingang (lediglich England schenkte der Planübung wenig Beachtung) (vgl. Walitschek, 1977,

S. 16 f.; Rehm, 1964, S. 25 ff.). Mit der Weiterentwicklung der Technik, insbesondere später auf dem Gebiet der elektronischen Datenverarbeitung, konnten neue Ansätze zur Auswertung von Informationen, zur Beschaffung von Entscheidungsunterlagen und für die Entschlussfassung verfolgt werden. Mit wissenschaftlichen Methoden, die unter dem Namen Operational Research (Einsatzforschung) bekannt wurden, konnten z. B. Verlustanalysen, Kampfwertanalysen, Analysen der Unterstützungswaffen und räumliche Gefechtsfeldanalysen erforscht werden (vgl. Walitschek, 1977, S. 17).

Die Art und Weise, wie in Planspielen Entscheidungen vorzubereiten, zu fällen und durchzusetzen sind, stimmt im Grunde im militärischen, politischen, betrieblichen und behördlichen Bereich überein. Diese Erkenntnis hat dazu geführt, die Idee der Planspiele vom militärischen auf das Gebiet der Politik, Verwaltung, der Wirtschaft und Technik zu übertragen. Ehemalige Offiziere der US-Army, die nach dem zweiten Weltkrieg leitende Posten in der Wirtschaft einnahmen, entdeckten die Verwandtschaft der Führungsaufgaben im militärischen und wirtschaftlichen Bereich und übertrugen die Ausbildungsmethode – die amerikanische Armee hatte sie selbst einst von der deutschen Armee übernommen – auf das Führungspersonal ihrer Unternehmungen. Im Jahre 1956 fanden so die ersten Unternehmungsplanspiele statt und verbreiteten sich rasch (vgl. Rehm, 1964, S. 39 f.; Thiemann, 2023, S. 13). Das Unternehmensplanspiel wurde dabei als eine Spieltheorie im Rahmen des wirtschaftstheoretischen Denkens weiterentwickelt und deren Anwendung bei wirtschaftlichen Aufgaben empfohlen, denn in der Wirtschaft sind ähnliche Probleme zu bearbeiten, wie im Krieg: Entscheidungen sind zu treffen über Aktionen und Reaktionen im wirtschaftlichen Wettkampf um den Markt und mit dem Blick auf die Konkurrenz. Die Unternehmenstätigkeiten in den unterschiedlichen Sachgebieten/Abteilungen/Themengebieten (Entwicklung, Beschaffung, Produktion, Absatz, Finanzierung) sind so aufeinander abzustimmen, dass der höchste wirtschaftliche Erfolg erreicht wird.

Das Unternehmensplanspiel (Business Game) ist als Bildungsmittel, Versuchsfeld und Führungswerkzeug der Wirtschaft von den Vereinigten Staaten her auch in Deutschland, der Heimat des (militärischen) Planspiels, (wieder-)eingeführt worden, und einige deutsche Unternehmen sehen Planspiele als die Möglichkeit, Führung nachhaltig und praxisorientiert zu lehren. Hierzu Noll und Bachmann: „Wie immer angeregt von militärischen Errungenschaften, hat auch die Betriebswissenschaft sich eine neue Methode zugelegt, nämlich die Methode der Arbeit am Simulationsmodell. Das bedeutet, dass man versucht, sich auf unvorhergesehene Situationen wenigstens im Sandkasten vorzubereiten. (…) Seit dem Ölschock zu Anfang der siebziger Jahre, einer Art von Pearl Harbour der Weltwirtschaft, wird in der Wirtschaft der gelegentliche Luxus von Sandkastenspielen allgemein akzeptiert.“ (Noll & Bachmann, S. 109) Die Versicherung „Der Deutsche Ring“ in Hamburg bot beispielsweise seinen Nachwuchsführungskräften ein sogenanntes Orientierungs-Center an, in dem Führung in Form eines Planspiels erlebt und ausprobiert werden kann. In realistischen Simulationen, bei der insbesondere die permanente Vernetzung mit vielen anderen Organisationseinheiten abgebildet wird, müssen Entscheidungen getroffen und muss ergebnisorientiert geführt werden. Das Planspiel ist – auch durch den Austauschprozess des verantwortlichen Personalentwicklers (der das Planspiel leitet) mit den jeweiligen Vorgesetzten der Planspiel-Kandidaten nach Abschluss des Planspiels – auf Nachhaltigkeit angelegt (vgl. Stark & von Studnitz, 2010, S. 28 f.; Walitschek, 1977, S. 5).

4.4 Grundlagen von Planspielen für die interaktive Führungskräfteausbildung

Planspiele stellen die praxisrelevanteste Möglichkeit dar, um die Unternehmens- und Führungswirklichkeit innerhalb der Ausbildung zu simulieren. Gut gemacht, kann es der auszubildenden Führungskraft den systemischen Rahmen vorgeben, innerhalb dessen sie Führungshandeln in wechselnden Lagen (aber in einem geschützten Raum) ausprobieren kann. Durch das eigene Tun in realistisch simulierten Unternehmensbedingungen ermöglichen sie – im Sinne der Lernpsychologie – eine nachhaltige Wissensaneignung. Tatsächlich wurden Planspiele in der Geschichte auch entwickelt, um Schwierigkeiten beim Unterrichten zu begegnen. Planspiele sind gerade auch eine besonders geeignete Methode für die Erwachsenenbildung: Als eine aktive Lernmethode durch learning-by-doing entspricht sie eher ihrer Reife, und ihren Lernbedürfnissen (anstatt der passiven Wissensaneignung durch Belehrung/Unterricht). Durch das eigene Mittun, Mitreden, Erarbeiten und Verarbeiten des dargebotenen Stoffs kann der Lernende mit Körper und Geist mit Wort und Tat, mit Reden, mit Hand anlegen den jeweiligen Inhalt begreifen. Der Leitende gibt lediglich den Stoff vor, erklärt das Notwendige, gibt den Anstoß und tritt dann als Beobachter und Begleiter ein Stück zur Seite. Er verfolgt weiterhin den Verlauf, gibt Einlagen, greift aber sonst nur bei Abirrungen und Verstößen ein (wobei genau diese für den Lernerfolg zu würdigen sind, weil sie in der Praxis genauso vorkommen können), beschränkt sich auf ergänzende, berichtigende Angaben und Antworten während des Lernvorgangs (vgl. Rehm, 1964, S. 18 f.).

Walitschek fasst in seinem Buch über Planübungstechniken die Grundregeln zur Methodik bei Planspielen folgendermaßen zusammen:

- Das eigene Handeln ist die beste Art zu lernen.
- Was wir selbst tun, haftet besser im Gedächtnis als das, was wir hören, sehen, lesen.
- Wir müssen jedoch richtig und gründlich handeln, wobei Selbstkontrolle unerlässlich ist.
- Das Handeln muss auf den zu erlernenden Übungszweck ausgerichtet und zugleich begrenzt sein.
- Je realistischer eine Situation (die „Lage“) dargestellt wird, desto wahrscheinlicher ist die Erfüllung des Übungszweckes.
- Eine sorgfältige Vorbereitung der Planübung bis in alle Einzelheiten unter gleichzeitiger Wahrung sachlich-taktischer Zusammenhänge ist immer erforderlich.
- Frage Dich stets: Welche Situation kann im „Ernstfalle“ eintreten und welche Probleme treten dabei auf? (Walitschek, 1977, S. 20)

Weitere zentrale Aspekte für den Erfolg von Planspielen sind

- Fixierung und Kommunikation der Lehrziele,
- die Einbettung in eine fachtheoretische Wissensbasis,
- eine fiktive organisationale Spielbasis (mit Daten zur Organisation bzw. zum Projekt worin das Planspiel stattfindet),
- eine klare Kommunikation über die Planspieldidaktik an die Teilnehmenden (inklusive der Verantwortung für selbstgesteuertes Lernen am praktischen Beispiel),
- eine an der Realität orientierte Rollenverteilung,
- ein Commitment mit den Teamaufgaben,
- das Abfordern von überprüfbaren Einzel- und Gruppenleistungen,
- ernsthafte und professionelle Durchführung unter ausgewogener Balance zwischen intensiven und weniger intensiven Phasen,
- klare Adressierung von Erwartungshaltungen über Ernsthaftigkeit und Zulassen von „Spaß“, wenn das Seminar grundsätzlich in die richtige Richtung läuft,
- regelmäßiges und nach allen Seiten gerichtetes offenes Feedback und
- Beratungs-/Hilfesequenzen bei artikuliertem Bedarf (vgl. Forberg, 2020, S. 54 ff.).

Wesentlich für den Erfolg von Planspielen ist die Realitätsnähe und der didaktische Aufbau des Spiels sowie die Persönlichkeit, die Fähigkeiten und das Können des Planspiel-Leitenden (vgl. Bresinsky & von Reusner, 2020, S. 67). Wichtig ist auch, dass alle Teilnehmenden im Planspiel laufend etwas zu tun haben, damit der Flow des Spiels erhalten bleibt. Andererseits kann es bei lang angelegten Planspielen zwischendurch auch mal Sinn machen, einzuspielen, dass die Mitarbeitenden gerade mal keiner sinnvollen Tätigkeit nachgehen – eine Situation, die der eingesetzten Führungskraft dann auffallen sollte

Das Planspiel selbst ist auch angefüllt mit zahlreichen Rollenspielen, wie z. B. Mitarbeitergesprächen, Gesprächen mit Kunden, Präsentationen vor verschiedenen Stakeholdern, Pressekonferenz etc. Die Planspielleitung und andere (aktuell nicht beschäftigte Teilnehmende) können dann die Rollen der Gegenseiten einnehmen – auch um Prozesse aus anderen Perspektiven – und damit systemisch – zu erleben. (vgl. Dietrich, 2020, S. 47 f.).

Mögliche Bewertungskriterien für die Leistungen der Teilnehmenden (die nach Bedeutung gewichtet werden sollten) könnten sein:

- Für die eingesetzten Führungskräfte
  - Auftreten
  - Entscheidungsverhalten
  - Zielgerichtete Kommunikation
  - Ziel- und Mitarbeiterorientierung
  - Vorbildverhalten
  - Stresstoleranz
  - Anwendung von Fach- und Methodenwissen
- Für alle Teilnehmer des Planspiels
  - Teamfähigkeit,
  - Engagement,
  - Kommunikation,
  - Anwendung von Fach- und Methodenwissen. (vgl. Graf, 1992, S. 16)

4.5 Der Planspielleiter – Rolle und notwendige Kompetenzen

Der kritische Faktor sind bei Planspielen immer die Planspielleiter: Diese sollten über fundierte (branchenübergreifende) Führungserfahrungen verfügen und langjährige Lehr- bzw. Trainingserfahrung in der Führungskräfteentwicklung haben.

Der Planspielleiter verfügt außerdem im besten Falle über eine Ausbildung zur Leitung eines Planspiels und im Projektmanagement und besetzt neben der Rolle des „Planspielleiters“ auch innerhalb des Spiels die Rolle „Vorgesetzter der eingesetzten Projektleiter“ (z. B. die Geschäftsführung als Auftraggeber). Weitere

Rollen, die er einnehmen kann, können Stakeholder sein, in die er sich hineinversetzen muss und die er im Planspiel (nach vorheriger Erklärung an die betroffenen Planspielteilnehmer) Interventionen ausführen lässt, wie z. B. eine Interviewanfrage eines Journalisten mitten im Prozess, ein Anruf des Betriebsratsvorsitzenden oder eine Rückmeldung aus der Marketingabteilung.

Je nachdem, wie fachlich umfangreich das Planspiel angelegt ist, muss der Planspielleiter weitere (betriebswirtschaftliche) Themen beherrschen, die im Spiel eingeübt werden; z. B. Kreativitätstechniken, Marketing und Marktforschung, Personalmanagement, Controlling etc. (vgl. Koß, 1992, S. 80 f.).

Der Planspielleiter führt das Planspiel zielgerichtet, controlled den Gesamtprozess und ist in der Lage, situationsangemessen Interventionen und Lageeinspielungen ins Planspiel zu bringen. Er gibt (auf der META- und Spiel-Ebene) konstruktives Feedback an die als Führungskräfte eingesetzte Teilnehmer und an die gesamte Gruppe und kann aus den Beobachtungen der Teilnehmer Schlussfolgerungen für eine Teilnehmerbeurteilung ziehen

4.6 Konkrete Umsetzung eines Planspiels am Beispiel

Im Folgenden wird eine Planspielvariante vorgestellt, die der Autor in den letzten 25 Jahren erfolgreich mit unterschiedlichen Teilnehmern durchgeführt hat. Sie beruht auf übersichtlichen fiktiven Rahmenbedingungen und ist relativ leicht zu organisieren. Innerhalb des Planspiels werden klassische manageriale Aufgabenbereiche, der Einfluss von sich ändernden Rahmenbedingungen und die Interdependenzen verschiedener Stakeholderbeziehungen in einem fiktiven Betriebsalltag gespielt. Dabei kommt es für die in der Verantwortung stehende Führungskraft darauf an, sich in diesem Spannungsfeld zu behaupten und die gesetzten Ziele zu erreichen. Der Erfolg hängt vor allem davon ab, ob es den „Systemspielern" gelingt, innerhalb des Planspiels verschiedene Perspektiven einzunehmen, d. h. Empathie für die Positionen der relevanten Systemmitglieder zu entwickeln (vgl. Bieta & Siebe, 1998, S. 16). Entsprechend ist das Rotieren der Spielenden durch verschiedene Rollen ein wichtiger Teil des Planspiels.

Das vom Autor entwickelte Planspiel kann innerhalb eines akademischen Semesters oder als begleitende Methode im Rahmen eines Führungskräfteentwicklungsprogramms durchgeführt werden und beinhaltet eine Anzahl von Spielphasen. Für das Arbeiten vor Ort sind vier bis fünf Präsenzphasen (mit jeweils ein bis zwei Tagen) notwendig. Die „Selbstlernzeit" zwischen den Präsenzphasen wird ebenfalls für das Planspiel verwendet. Für die Durchführung werden i. G. nur ein großer Seminarraum und (je nach Größe der Gesamtausbildungsgruppe) einige

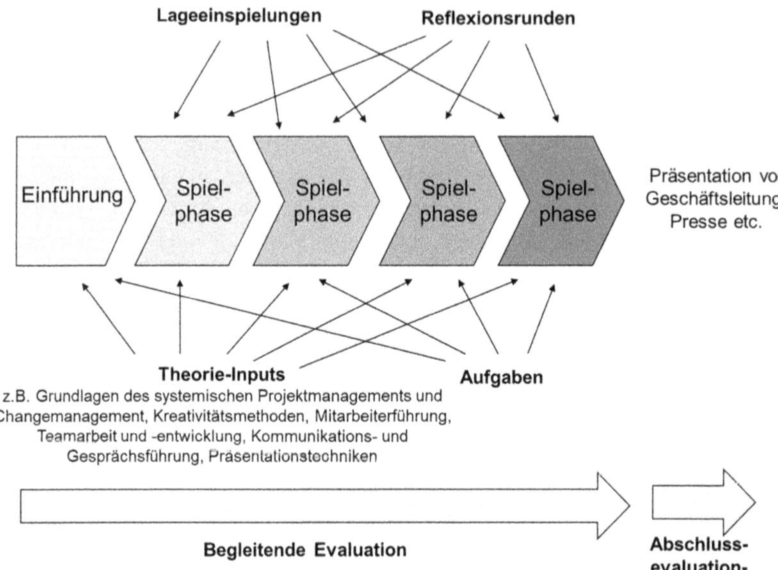

Abb. 4.2 Ablauf des Planspiels. (Quelle: Eigene Abbildung)

Gruppenarbeitsräume benötigt, mit denen man die Teambereiche/Abteilungsbüros simuliert. Mitspielen können bis zu 30 Teilnehmer. Abb. 4.2 zeigt den typischen Verlauf des vom Autor durchgeführten Planspiels (vgl. auch Thiemann, S. 21 ff.).

In der Einführungsphase (in der Regel ein Tag) wird – nach einer Vorstellungsrunde – das Planspiel als Methode vorgestellt. Für die Teilnehmenden werden dabei folgende Nutzenkategorien benannt:

- praxisorientierter Einstieg in die Gesamtthematik Führen und Management
- Einüben von Managementkompetenz im geschützten Raum
- interaktiver und mehrdimensionaler Zugang
- Einüben von Teamarbeit
- Feedback zum eigenen (Führungs-)Verhalten
- ggf. Hinweise zur eigenen weiteren fachlichen und persönlichen Entwicklung

Dann wird die Durchführung des Planspiels skizziert und die Teilnehmenden erfahren, welche Themen dabei grundlegend behandelt werden. Nun schließt sich ein erster Fachinput zu Grundlagen des Projektmanagements an. Weitere Informationen zu beiden Themen werden schriftlich zur Verfügung gestellt.

Anschließend lernen die Teilnehmenden die fiktive Organisation kennen, in der das Planspiel stattfindet. Die Teilnehmer erfahren Details zur personellen Ausstattung, zur Organisation (Organigramm), Finanzierung und Leitung der Organisation (deren Rolle vom Planspielleiter übernommen wird, auch um Interventionen innerhalb des Spiels zu initiieren). Auch etwaige feste Stakeholder werden benannt. All diese Informationen passen auf zwei Folien.

Es folgt die Gruppeneinteilung (= Abteilungsbildung). Hierbei kann darauf geachtet werden, welchen Fachabteilungen sich die Teilnehmenden von ihrem Interesse her zuordnen möchten. Die Planspielleitung ernennt dann für die Teams je eine Teamleitung für die erste Spielphase. Die Entscheidung hängt auch von den in der Vorstellungsrunde registrierten Informationen ab: Wer hat beispielsweise bereits sehr viel Berufserfahrung oder gar Führungserfahrung? Dies kann wichtig sein, damit das Spiel ins Laufen kommt. Eine der Teamleitungen wird in Personalunion auch zur stellvertretenden Leitung der Organisation ernannt.

Die Teilnehmer*innen erhalten dann die Aufgabe, ihren Arbeitsbereich einzurichten, sich besser kennen zu lernen und ihre Adressen/Telefonnummern auszutauschen, damit sie füreinander auch zwischen den Präsenzphasen des Planspiels erreichbar sind. Das Planspiel startet parallel dazu mit einem Auftrag an die stellvertretende Leitung durch – i. d. R. ist ein großes Kundenprojekt unter Einbeziehung aller Teams zu organisieren. Nach dem Briefing der stellvertretenden Leitung durch die Geschäftsführung (ohne, dass die anderen Teilnehmenden dies mitbekommen) hat diese nun die Aufgabe, die Information zu verarbeiten, Entscheidungen zu fällen und diese und notwendige Informationen an die Teamleitungen weiterzugeben. Die Teamleitungen wiederum informieren die Teams und die Arbeit beginnt. Zunächst findet meist eine kreative Ideensammlung und anschließend ein Austausch darüber statt. Dies kann moderiert werden, indem vorher ein Kurzinput zu Kreativmethoden erfolgt. Ziel der ersten Spielphase ist es, für die Geschäftsführung einen ersten Entwurf vorzubereiten und darauf zu hoffen, dass dieser gut ankommt.

Im weiteren Verlauf werden die Spielphasen immer wieder durch Themeninputs eingeleitet (innerhalb des Planspiels als kurze betriebliche Weiterbildung deklariert). In der Regel werden die gelernten Inhalte in die weitere Projektarbeit eingebracht; so z. B. eine Zielgruppenanalyse nach dem Marketing-Input. Außerdem erhalten die Teams weitere Aufgaben, die sie zu bearbeiten haben; i. d. R. durch Anweisungen/Rückmeldungen „von oben" – also durch die Geschäftsführung.

Die systemischen Wechselwirkungen und Umfeldbedingungen werden durch zahlreiche Interventionen simuliert, mit denen die jeweiligen Führungskräfte dann umgehen müssen. Hier einige Beispiel für solche Interventionen:

• Kurzfristige Lageänderungen – Raumkapazitäten – Personal – Finanzen – Zeitressourcen – …	• Nachfragen durch Presse • Simulierte Marktforschungsergebnisse • Neue Anforderungen/Entscheidungen durch Chef • Personalkarussell (und damit Wechsel der Führungskräfte) • Verschiedene neue Anforderungen durch Stakeholder

Zwischen den Spielphasen, aber bei Bedarf auch innerhalb der Phasen wird das Planspiel unterbrochen und es erfolgt eine Reflexion des Geschehenen auf einer Metaebene. Fragen, die sich hier stellen könnten, sind:

- Wie erfolgreich läuft die Arbeit?
- Inwieweit werden gesetzte Ziele erreicht?
- Wie funktioniert Kommunikation und Zusammenarbeit im Team und zwischen den Teams oder auch zwischen Führungskräften und Mitarbeitenden?
- Wie wird das Arbeitsklima erlebt?
- Wie erleben Mitarbeiter ihre Führungskräfte?
- Wie erleben die eingesetzten Führungskräfte im Spiel ihre Rolle (gerade, wenn es zeitlich eng wird)?

Natürlich gibt es hierzu auch konstruktive Hinweise durch den Planspielleiter an die aktuell eingesetzten Führungskräfte und das Team.

Das Planspiel spitzt sich zum Ende hin und im Ergebnis immer weiter zu auf ein wohldurchdachtes und abgestimmtes Konzept, welches dann in neu etablierten Gruppen und in unterschiedlicher Form wichtigen Stakeholdern präsentiert wird:

- vor potenziellen Kundengruppen (Ziel: Diese sind vom Konzept überzeugt, weil es ihnen einen Nutzen bringt)
- gegenüber der Geschäftsführung (Ziel: Geschäftsführung ist informiert und unterstützt das Konzept weiterhin)
- Pressekonferenz (Ziel: Die Presse berichtet positiv über das Konzept und die Öffentlichkeit kennt das Projekt)

Wie in Abb. 4.2 sichtbar, erfolgt parallel zum Planspiel die prozessbegleitende Evaluation sowie eine Abschlussevaluation der Prozesse und Ergebnisse, ggf. auch in Form einer Prüfung (z. B. Präsentation als mündliche Gruppenprüfung).

Einbindung von Planspielen in die Führungskräfteausbildung 5

Wie bereits beschrieben, sind die allermeisten Führungskräfte weder für ihre Führungstätigkeit fundiert ausgebildet worden noch für die besonderen Anforderungen in Zeiten des Wandels. Planspiele sind nur ein (wenn auch wesentlicher) Teil eines denkbaren umfassenden Führungskräfteentwicklungsprogramms. Es sollen daher einige Hinweise für eine zielgerichtete und nachhaltige Führungskräfteentwicklung gegeben werden, die schrittweise aufgebaut sein sollte und sowohl die Basics von Führungsverhalten und Führungsrollenverständnis als auch die besonderen aktuellen Herausforderungen des Change Managements berücksichtigt.

Notwendig sind dabei auf der einen Seite grundständige Schulungsmodule für angehende Führungskräfte in den oben genannten Kompetenzbereichen, auf der anderen Seite aber auch begleitende und unterstützende Maßnahmen und Personalentwicklungsinstrumente, um die notwendige Nachhaltigkeit der Führungskräfteentwicklung zu gewährleisten. Grundlegend für alle Maßnahmen ist ein im Unternehmen verankertes Führungsverständnis, das den Rahmen für die inhaltliche Entwicklungsarbeit liefert und woran sich anschließend auch das Führungskräfteentwicklungscontrolling orientieren kann.

5.1 Inhalte der Führungskräftequalifikation

Wer Auto fahren will, muss einen Führerschein gemacht haben. Wer die Verantwortung für Menschen übertragen bekommt, sollte ebenfalls in irgendeiner Weise nachweisen können, dass er diese führen kann, gerade in unruhigen Zeiten. Wie be-

E. Hoffmann, *Das Planspiel als nachhaltige Methode in der Führungsausbildung*, essentials,
https://doi.org/10.1007/978-3-658-50874-6_5

reits beschrieben, ist daher bereits vor einigen Jahren die Forderung nach dem „Führerschein für Führungskräfte“ aufgekommen. Gemeint ist eine Art Zertifizierung für die Führungsfähigkeit, aufbauend auf einem zuvor zu durchlaufenden Führungskräfteentwicklungsprogramm. Dieses sollte mindestens folgende Inhaltskomponenten aufweisen:

(1) klassische Managementtechniken,
(2) Selbstorganisation und Zeitmanagement,
(3) strategisches und systemisches Denken und Handeln,
(4) Entscheidungstechniken (auch unter sich ändernden Bedingung) und Intuitionstraining,
(5) „Emotional Leadership“,
(6) praktische Kommunikation,
(7) Change Management,
(8) „Train-the-Trainer“ für die eigene Personalentwicklungskompetenz gegenüber den Mitarbeitenden,
(9) Führungsethik und
(10) das unternehmensinterne Führungsleitbild mit Hinweisen zur Operationalisierung im Führungsalltag. (vgl. Hoffmann, 2018, S. 131)

Diese Führungsausbildung sollte grundsätzlich vor der Übernahme einer Führungsfunktion erfolgen, beispielsweise im Rahmen eines Talentmanagement- oder Trainee-Programms. Bei bereits tätigen Führungskräften muss das Programm entsprechend angepasst werden.

5.2 Vorausgehende und begleitende Maßnahmen der Schulungsmaßnahmen

(1) Professionalisierung in der Auswahl der zukünftigen Führungskräfte im externen und internen Arbeitsmarkt und Aufbau eines Talentmanagements;
(2) Etablierung eines Führungsleitbildes: als eigenes Organisationsentwicklungsprojekt und auf Grundlage einer vorangegangenen Mitarbeiterbefragung;
(3) Auswahl eines Weiterbildungsanbieters, der geeignet ist, die genannten Inhalte – aufbauend auf dem internen Führungsleitbild – nachhaltig zu vermitteln;
(4) Führungsschulung des Vorstandes und der Geschäftsführung vor der Schulung der mittleren Führungskräfte: zum einen, damit die Führungstätigkeit

des mittleren Managements bewertet und controlled werden kann, zum anderen, um als Vorbild für die mittleren Führungskräfte wirken zu können;

(5) Einsatz des Vorstandes und der Geschäftsführer als Co-Trainer bei der Führungsausbildung des Führungsnachwuchses, zumindest aber partielles „dabei sein", auch um die Wichtigkeit von Führung im Unternehmen zu betonen;

(6) Einführung eines Beurteilungssystems: auf der einen Seite, damit Führungskräfte „gezwungen" werden, bei ihren Mitarbeitenden besser hinzuschauen; auf der anderen Seite, damit klar wird, dass auch das Führungsverhalten ab nun einem Monitoring von oben unterliegt;

(7) Konzeption und Durchführung eines ausbildungsbegleitenden Planspiels, in der die angehenden Führungskräfte Führung einüben können (ohne Schaden anzurichten);

(8) Aufbau eines Mentoring-Programms als Hilfestellung für angehende Führungskräfte;

(9) Job Rotation, damit die angehenden Führungskräfte in einem vorgesehenen Zeitraum andere Arbeitsbereiche und damit das System des Unternehmens als Ganzes besser kennenlernen können, und

(10) zwischenzeitliches Einzelcoaching, um individuelle Entwicklungsfelder zu bearbeiten. (vgl. Hoffmann, 2018, S. 132 f.)

Die Führungsausbildung sollte nachhaltig gestaltet werden. Hierzu bedarf es einer gewissen Ausbildungslänge, damit sich die vermittelten Inhalte (auch über zahlreiche Wiederholungen) setzen können. Je nach Gestaltung und Intensität der Schulungen (z. B. Blockunterricht an mehreren Tagen je Monat) kommt ein Zeitraum von zwölf bis 18 Monaten in Betracht. Zur Nachhaltigkeit gehört die schon angesprochene aktivierende Methodik. Den höchsten Lerneffekt erzielen hierbei Realitätssimulationen, wie das langfristig angelegte Planspiel. Das Planspiel kann durch theoretische Inputs in Seminarform unterbrochen werden, wobei die dort vermittelten Inhalte dann gleich im Planspiel wieder umgesetzt werden sollten. Daneben kann die Theorievermittlung auch – wenn sinnvoll – über Maßnahmen des E-Learnings erfolgen. Alle Maßnahmen sind zu evaluieren, wobei diese Evaluation nicht nur als Ergebnisevaluation verstanden werden darf, sondern den gesamten Führungskräfteentwicklungsprozess mit all seinen Maßnahmen umfassen sollte. Hierbei sollten sowohl Lerneffekte für die Teilnehmenden als auch (langfristige) Nutzeneffekte für das Unternehmen fokussiert werden (z. B.: Sinken die Mitarbeiterfluktuation und der Krankenstand nach Einführung der Führungskräfteentwicklung? Hat sich unser Image auf dem Arbeitsmarkt verbessert? Ist das Mitarbeiterengagement gestiegen?). Wichtigste Aspekte der Führungskräfteentwicklung ist die Praxisrelevanz und die Aktivierung der Teilnehmenden, um nachhaltige Lernerfolge und einen Nutzen für das Unternehmen zu verzeichnen.

6 Fazit und Ausblick

Für angehende Führungskräfte bedeuten die bisherigen Ausführungen, dass Führungsroutinen und die dahinterstehenden Einstellungen nur durch länger angelegte Übungssequenzen herausgebildet werden können. Ein einmaliges 3-Tage-Führungsseminar (ohne anschließende Übungssequenzen) wird dagegen im Praxisalltag verpuffen. Über die Sinnlosigkeit von Kurztrainings zur Verhaltensänderung schreibt daher auch Gris: „Es steigt ja auch keiner ins Auto und erwartet bei der ersten Fahrstunde, dass er wie ein junger Gott durch den Straßenverkehr schwebt. Komischerweise soll aber Seminarwissen ohne Aufwand verfügbar sein." (Gris, 2008, S. 77). Es dürfte keinen Zweifel mehr geben, dass die erforderliche Führungskompetenz kaum durch konventionelle Seminare im Frontalverfahren allein erworben werden kann. Und, statt den Schwerpunkt auf psychische Introspektion und theoretische Inputs zu legen, sollten auszubildende angehende Führungskräfte durch früh übertragene Verantwortung und durch Erkenntnisse, die aus praktischem Handeln und dessen Reflexion entstehen, bei der Persönlichkeitsentwicklung unterstützt werden. Neben dem Lernerfolg ist es aber auch die Überprüfbarkeit des Lernfortschritts am praktischen Beispiel, die für eine solche praxisorientierte Führungskräfteentwicklung spricht. Um sich einen Eindruck davon machen zu können, inwieweit Führungskräfte angemessen führen, reicht es ja nicht aus, diese zu befragen oder gar einen schriftlichen Test zu machen. Wichtig ist die Beobachtung des Verhaltens. Man muss Führungskräfte in ihrer Arbeit studieren! Dieser Gedanke ist übrigens wesentlich für die Ausführungen hinsichtlich der Verankerung des Führungshandelns in der Unternehmung und für die Führungskräfteentwicklung. Führungskräfte sollten während ihrer Ausbildung zur Führungskraft

E. Hoffmann, *Das Planspiel als nachhaltige Methode in der Führungsausbildung*, essentials,
https://doi.org/10.1007/978-3-658-50874-6_6

und später in ihrem Führungshandeln stetig durch ihre jeweiligen Vorgesetzten supervidiert werden.

Während der vom Autor konzipierten und durchgeführten Planspiele erleben die Teilnehmer in verschiedenen Rollen und aus unterschiedlichen Perspektiven die Höhen und Tiefen der praktischen Managementarbeit: Nach dem Stolz auf einen gelungenen ersten Konzept-Entwurf kann der Frust über mangelnde Kommunikation im Team folgen. An die Freude am kreativen Arbeitsflow im Team kann sich die Ernüchterung durch die (von der Leitung eingespeisten) Marktforschungsergebnisse anschließen. Tatsächlich können die Teams und vor allem auch die jeweiligen Teamleitungen Stress in der Spiel-Arbeit erleben. Aber auch dies ist (leider) Teil des Berufsbildes von Führungskräften.

Die Präsentationen zum Ende des Planspiels überraschen oft mit einer sehr hohen Professionalität und sehr gut durchdachten Konzepten. Bei den Fragerunden durch die anwesenden Adressaten (Leitung, Sponsoren oder Presse) zeigen die Teilnehmenden sehr oft, dass sie tief in der Materie stecken und sich mit „ihrem" Projekt identifizieren. Der Autor war selbst davon überrascht, dass sich die Teilnehmer*innen manchmal für die Präsentation eigene T-Shirts anfertigen lassen (mit dem Slogan des fiktiven Events), ohne, dass dies erwartet wurde.

Die Rückmeldungen der Teilnehmenden nach dem Planspiel sind überwiegend positiv. Auch wenn der zeitliche Aufwand zuweilen kritisiert wird, werden doch i. d. R. von allen die hohe Interaktivität, der Spaß und die Tiefe der Durchdringung des Arbeitsfeldes Führung im Projekt gelobt. Fast alle Gruppen artikulieren, dass sie so tief in ihrem Projekt verhaftet sind, dass sie dies i. G. sofort in die Praxis umsetzen wollten. Dies wäre in gewisser Weise die Steigerung eines Planspiels – nämlich die Vorbereitung und Durchführung eines echten Projektes. Hierzu müssten allerdings die entsprechenden Mittel zur Verfügung stehen. Und: Der geschützte Raum für das Lernen würde fehlen.

Die vorgestellte Variante des Planspiels ist relativ einfach zu organisieren. Gleichwohl muss es durch die Spielleitung eng geführt und immer wieder reflektiert werden. Der stetige Wechsel von Fachinput, Beobachtung des Spiels, Einholen und Geben von Feedback an Teams und Manager, Starten von Interventionen und das zwischenzeitliche Hineinschlüpfen in die Rolle der Leitung der fiktiven Organisation verlangen den Planspielleiter einiges ab. Aber: Es macht eine Riesenfreude, die Entwicklung von angehenden Führungskräften im Prozess zu beobachten!

In der Rückschau bleibt für den Autor das Fazit, dass das Planspiel DIE interaktive, systemische und nachhaltige Ausbildungsmethode für den Managementnachwuchs ist. Sie sollte daher in allen Studiengängen und Führungskräfteentwicklungsprogrammen zum Einsatz kommen.

Was sie aus diesem *essential* mitnehmen können

- Die sich schnell verändernde Umwelt von Organisationen verlangt von (angehenden) Führungskräften verschiedenste Kompetenzen und einen systemischen Blick.
- Systemische Führung kann nur durch länger angelegte praktische Übungssequenzen herausgebildet werden.
- Planspiele sind notwendige methodische Bestandteile einer umfassenden und nachhaltigen Führungskräfteentwicklung

E. Hoffmann, *Das Planspiel als nachhaltige Methode in der Führungsausbildung*, essentials, https://doi.org/10.1007/978-3-658-50874-6

Literatur

Bieta, V., & Siebe, W. (1998). *Spieltheorie für Führungskräfte.* Carl Ueberreuter Verlag.
Bresinsky, M., & von Reusner, F. (2020). *GLOBE – Multinationales Planspiel zur virtuellen Zusammenarbeit in einer Krisensituation.* In T. Alf, C. Hühn, B. Zürn, & F. Trautwein (Hrsg.), *Books on Demand* (S. 67–82).
Dietrich, M. (2020). *Rollenspiele im Planspiel – Ein gewinnbringender Perspektivenwechsel.* In T. Alf, C. Hühn, B. Zürn, F. Trautwein (Hrsg.), *Books on Demand* (S. 43–52).
Doppler, K., Lauterburg, C. (2008). *Change management. Den Unternehmenswandel gestalten,* Campus.
Forberg, T. (2020). *Planspielseminare gut konzipiert, kommuniziert und umgesetzt.* In T. Alf, C. Hühn, B. Zürn, F. Trautwein (Hrsg.), Books on Demand (S. 53–66).
Gallup Deutschland (2025). *Gallup Engagement Index Deutschland 2024.*
Gergs, H.-J. (2022), *Die Zukunft des change managements. Was es zu verändern aber auch zu bewahren gilt.* In: M. Lang & R. Wagner (Hrsg.), *Das change management workbook* (2. Aufl., S. 1–15). Hanser.
Gordon, T. (1993). *Managerkonferenz.* Heyne.
Grabmeier, S. (2020): *BANI.* https://stephangrabmeier.de/bani-vs-vuca/. Zugegriffen: 29. Okt. 2025.
Graf, J. (1993). *Das Prinzip der Komplexität.* In J. Graf (Hrsg.), Planspiele (S. 11–18). Gabal.
Gris, R. (2008). *Die Weiterbildungslüge.* campus.
Hentze, J., & Graf, A. (2005). *Personalwirtschaftslehre*, Teil 2, UTB.
Hoffmann, E. (2011). *Die Pflicht zu führen – Was Manager vom Militär lernen können.* Springer.
Hoffmann, E. (2018). *Führungskräfteentwicklung in Zeiten des Wandels.* In H. Surrey, V. Tiberius (Hrsg.), *Die Zukunft des Personalmanagements 2025: Herausforderungen, Lösungsansätze und Gestaltungsoptionen* (S. 125–133). VDF Hochschulverlag.
Hoffmann, E. (2020). *Lernstrategien für das erfolgreiche Bachelorstudium.* HDS Verlag.

E. Hoffmann, *Das Planspiel als nachhaltige Methode in der Führungsausbildung*, essentials, https://doi.org/10.1007/978-3-658-50874-6

Hoffmann, E. (2024). *Menschen und Organisationen entwickeln.* Duncker & Humblot.

Kienbaum. (2015): *HR climate index study 2015.* Eigenverlag.

Koß, K. H. (1992). *Planspiele im training – Ein Erfahrungsbericht.* In J. Graf (Hrsg.), *Planspiele* (S. 73–82). Gabal.

Kotter, J. P., Akhtar, V., & Gupta, G. (2021). *Change.* Wiley.

Kriz, W. C. (2000). *Lernziel: Systemkompetenz – Planspiele als Trainingsmethode.* Vandenhoeck & Ruprecht.

Lang, D. (o. J.). *Systemisch versus Mechanistisch,* im Internet: https://www.dunja-lang-consulting.de/expertise/systemisch-versus-mechanistisch/. Zugegriffen: 29. Okt. 2025.

Lehrer-online.de (o. J.). *Definition Planspiel.* Lehrer online. https://www.lehrer-online.de/unterricht/sekundarstufen/faecheruebergreifend/artikel/seite/fa/planspiele-zur-bildung-fuer-nachhaltige-entwicklung/definition-planspiel-zur-bildung-fuer-nachhaltige-entwicklung. Zugegriffen: 11. Aug. 2025.

Malik, F. (2001). *Führen Leisten Leben.* Heyne.

Massing, P. (2004). *Planspiele und Entscheidungsspiele.* In S. Frech, H-W. Kuhn, P. Massing (Hrsg.), Methodentraining für den Politikunterricht. Wochenschau Verlag.

Noll, P., & Bachmann, H. R. (2001). *Der kleine Machiavelli.* Knaur.

Ott, B. (2000): *Grundlagen des beruflichen Lernens und Lehrens.* Cornelsen.

Prealize (2017): *COMET – Die Studie zur Ausbildung von Führungskräften.* Eigenverlag.

Rehm, M. (1964). *Das Planspiel als Bildungsmittel – in Verwaltung und Wirtschaft in Politik und Wehrwesen in Erziehung und Unterricht.* Quelle & Meyer.

Schiersmann, C., & Thiel, H.-U. (2018). *Organisationsentwicklung. Prinzipien und Strategien von Veränderungsprozessen* (5. Aufl.). Springer VS.

Schiller, F. (2009). *Über die ästhetische Erziehung des Menschen – Kommentar von Stefan Matuschek.* Suhrkamp.

Schmidt, B. (2008). *Vortrag Systemische Professionalität – OE und Kulturentwicklung.* https://de.slideshare.net/slideshow/systemische-professionalitt-oe-und-kulturentwicklung/21653555. Zugegriffen: 29. Okt. 2025.

Schreyögg, A. (2003). *Coaching.* Campus.

Siebert, H. (2000). *Didaktisches Handeln in der Erwachsenenbildung.* Luchterhand.

Springer, R. (2011). *Liberale Führung hat ausgedient.* In managerSeminare, 01_2011 (S. 16–17). ManagerSeminare Verlags GmbH.

Stark, J., & von Studnitz, A. (2010). *Talent zur Führungskraft „gefahrlos" erproben.* In Haufe (Hrsg.), *Wirtschaft + Weiterbildung, 04/2010* (S. 28–31). Haufe.

Taylor, D. (2004). *The naked leader.* Linde.

Thiemann, J. (2023). *Entwicklung von Planspielen für die Lehre.* Springer Gabler.

Walitscheck, H. (1977). *Planübungstechniken.* Walhalla und Praetoria.

Weibler, J., & Kuhn, T. (2017). *Kommt der Führung die Verantwortung abhanden? Warnsignale aus zwei aktuellen Studien.* https://www.leadership-insiders.de/kommt-der-fuehrung-die-verantwortung-abhanden-warnsignale-aus-zwei-aktuellen-studien/. Zugegriffen: 29. Okt. 2025.

Zeiner-Fink, S., Geithner, S., & Bullinnger-Hoffmann, A. C. (2020). *Qualitative Evaluation von Planspielen.* In T. Alf, C. Hühn, B. Zürn, F. Trautwein, F (Hrsg.), *Books on Demand* (S. 11–27).

www.ingramcontent.com/pod-product-compliance
Ingram Content Group UK Ltd.
Pitfield, Milton Keynes, MK11 3LW, UK
UKHW021959190726
13853UKWH00004B/1617